からだから
ケアがわかる本

しくみ　変化　ケアのポイント

秋山昌江・白井孝子 著

中央法規

❋ は じ め に ❋

　介護という仕事は、利用者の生活を支援する仕事です。利用者の生活を支援するうえでは、利用者の思いや生活歴をよく知ることが必要となります。介護職は、その必要性をよく知り、利用者の思いに添って仕事をしています。コミュニケーションをはかるなかで、見えない思いを聞き出し、その人らしさを十分活用するなどしています。私は、訪問看護師として介護職と協働するなかで、介護職の利用者の思いを引き出す力、その人らしさを活用する能力の高さに驚かされ、そして多くのことを学ばせてもらいました。医療だけでは利用者を支えることはできないなと、強く思ったことが今も思い出されます。介護福祉士養成校の教員となってからも、あのとき介護職の方々とかかわり、教えられたことを大事にしています。そのようななかで、介護職が弱い部分もみてきました。それは「からだのしくみとはたらきに対する知識＝利用者のからだのしくみとはたらき」と、それにつながる「ケアの根拠」であると思いました。介護職に「なぜ、この行為が必要ですか」と問うと曖昧であることが多くあります。利用者の思いを引き出す力は高いのに、自分たちの行う行為の根拠を曖昧にすることは、利用者とかかわるうえでも、多職種と連携するうえでも、とても残念なことです。この介護職に弱い部分を、まとめることができないか、まず「利用者が生きているしくみ＝からだのしくみ」をどうすれば伝えられるか、長い時間、試行錯誤を繰り返してきました。

　今回、この思いを秋山昌江先生のお力を得て、本書として発行することができました。本書は、介護職が利用者とかかわるなかで、その根本にあるからだのしくみを知る、利用者の多くが高齢者であることから加齢に伴う変化を知る、ケアの際のポイントを理解するという流れで構成されています。からだのしくみを知ったうえで、介護職が行うケアのポイントにつなげていますから、介護職が自分の行うケアに自信をもち、なぜ行うのかが明確になると思っています。そして、今後、介護職の専門性を追求するなかで有効な知識となると考えています。本書は介護職養成の場や、利用者とかかわる現場の皆様を意識しています。足りない部分もあるとは思いますが、「そうか、そうだったんだ」「では、これはどうなの」と、不明であったことがわかり、次の学びにつながれば幸いです。

著者を代表して　　白井孝子

✳ 目 次 ✳

④ 食べる

⑤ 食べたもの・飲んだものを吸収・排泄する

⑥ 入浴する

⑦ 眠る

プロローグ

生きる

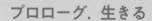

プロローグ. 生きる

「生きている」ということ

∷ 「生きている」しくみ

　通常、私たちは意識することなく息をして、食べたいときに好きな物を食べ、何の不自由も感じず生きています。しかし、全力で走った後、呼吸が荒くなり息苦しさを感じたり、心臓がバクバクしたりします。また転んでけがをしてもいつの間にか血が止まったり、気温が高い日には尿の色が濃くなったりと、私たちのからだは不思議なことがいっぱいです。

　長い歴史をかけて、巧妙につくられた身体のつくりとはたらきがうまく結びつき、調和を図っていることを学びましょう。

いのちの歴史

　約40億年前、地球に海ができ、最初の生命は、この海で単細胞生物として誕生したと考えられています。その後、多くの生物が出現しては滅んでいきました。約5億年前に、ヒトを生む祖先が誕生し、背骨をもつ魚、陸を歩く4本足をもった動物へと進化し恐竜たちが生まれました。恐竜が滅び、哺乳類が発展し、ヒトの誕生につながっていきました。

　すなわち、初期の脊椎動物の身体のつくりやはたらきが、現在の私たちのからだの中に受け継がれていることがわかります。また、ヒトが生きていく（生活する）ということは、進化のプロセスで培ってきた機能を十分に発揮することであるといえます。

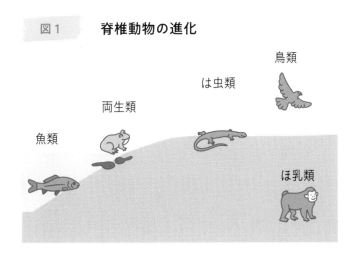

図1　脊椎動物の進化

鳥類

は虫類

両生類

魚類

ほ乳類

細胞

　生物はすべて細胞からできています。人間のからだは約200種類の細胞からなり、約37兆個の細胞からできています。

　私たちのからだの約60％が水分であり、約3分の2が細胞の中、3分の1が細胞の外にあります。細胞の中と外は細胞膜で仕切られています。生命活動に必要な物質は細胞膜を通して細胞の中へ入り、不要な物質は細胞膜を通して細胞の外へ出ていきます。細胞と細胞の間にある液体を間質液（組織液）といい、間質液と血液の液体成分を合わせて細胞外液といいます。

図2　細胞の構造

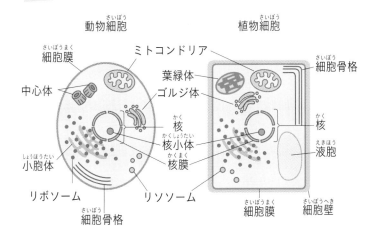

動物細胞　　　　　　　　植物細胞

細胞膜　　　ミトコンドリア

中心体　　　葉緑体　　　　細胞骨格

　　　　　　ゴルジ体

　　　　　　核　　　　　　核

　　　　　　核小体

　　　　　　核膜　　　　　液胞

小胞体

リボソーム　　リソソーム

細胞骨格　　　　　　　　細胞膜　細胞壁

∴ 「生命活動を調節する」しくみ

生命活動の基本：ホメオスタシス

　からだを構成する細胞は、恒常性を維持する（ホメオスタシス）ためにはたらいています。「恒常性を維持する」とは、細胞そのものが快適に暮らすために、細胞の生活環境（体液の浸透圧、pH、電解質の組成、酸素や二酸化炭素などのガスの組成、栄養素の組成、温度など）を一定に保つことです。

水分量

　からだの水分は、栄養や酸素、ホルモンなどの活動に欠かせない物質を、血液の流れに乗せてからだの隅々に運びます。また、外界の水分と体内の水分のやりとりをしながら生命活動を行っています。からだの水分量は、小児では約 70 ～ 80%、成人では約 60%、高齢者では約 50% であり、加齢とともに減少します。

表1　からだの水分量（体液）

	新生児・乳児	成人	高齢者
全体の体液量	70 ～ 80%	60%	50%
細胞内液	40%	40%	30%
細胞外液	30 ～ 40%	20%	20%

電解質バランス

　からだの中の水分は体液と呼ばれ、電解質が溶けています。電解質とは、水に溶けるとプラスイオンとマイナスイオンに分かれ、電気を流す物質のことです。からだは、この電解質のプラスイオンとマイナスイオンのバランスによって血管、細胞、神経、筋肉などの動きを調整しています。電解質成分の量によって体液の pH（酸性度とアルカリ度を示す指標）が決まります。安定した pH は 7.35 ～ 7.45 です。pH の維持は呼気運動、尿の排泄、飲水・飲食の量によって調整されています。

温度

　人間のからだは、臓器の温度をほぼ37℃に維持するようにできています。脳の視床下部に体温調節中枢があり、皮膚の冷覚や温覚の情報を受けて調節します。

視床下部から指令が出る

呼吸と循環

呼吸

● ガス交換

　からだの細胞が正常に機能するためには、エネルギーが必要です。私たちは息を吸って酸素を取り入れ、酸素を使って栄養をエネルギーに変えています。

　呼吸器は、気道と肺で構成されます。気道は空気の通り道で、鼻→咽頭→喉頭→気管→気管支を経て、肺に至ります。呼吸により体内に酸素を取り入れ、体内から二酸化炭素を排出することをガス交換といいます。肺におけるガス交換を外呼吸、組織でのガス交換を内呼吸といいます。肺胞は気管支の末端にあります。肺胞と毛細血管のすき間はわずか 0.2 〜 0.25 μm と薄く、肺胞にある空気の成分と血液の成分は、ここで入れ替わります。

図3　　**鼻から肺までの流れ**

咽頭
喉頭
鼻腔
外鼻
右肺
左肺
気管
気管支
肺胞
肺門
（肺への入り口）
上気道
下気道

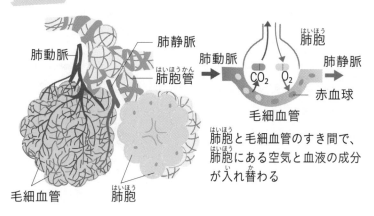

図4 ガス交換のしくみ

肺動脈

肺静脈

肺胞管

肺動脈

肺胞

肺静脈

CO₂ O₂

赤血球

毛細血管

毛細血管

肺胞

肺胞と毛細血管のすき間で、
肺胞にある空気と血液の成分
が入れ替わる

● 換気運動

換気運動は、空気を吸い込む吸息と、空気を吐き出す呼息を交互に行うことです。吸息時には横隔膜が下降し、胸腔の容積が拡大し、肺へ空気が取り入れられます。呼息時には肺が縮まろうとして横隔膜が上がります。

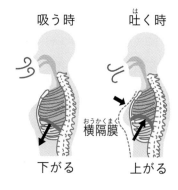

吸う時

吐く時

横隔膜

下がる

上がる

循環

生命活動を行うために必要な酸素、栄養素、ホルモンなどが細胞や組織に運ばれ、再び元に戻ってくることを「循環」といいます。循環にかかわるのは、心臓、血管、リンパ管です。この循環には、肺循環と体循環の2つの経路があります。

肺と心臓はお互いに協力して、からだの代謝活動に必要な酸素を空気中から取り込み、心臓のポンプ作用で全身に送り出すはたらきをしています。毛細血管によってからだの隅々にまで血液が届くようになっています。また、各組織からは老廃物を運んできて、体外へ排出するシステムにつなげています。

● リンパ管

リンパ管は全身に分布し、毛細リンパ管→リンパ管→リンパ本管と進み、最終的には静脈に合流します。細菌やウイルスからからだを防御するはたらきがあり、また、細胞間にある液体成分を回収して静脈に戻します。

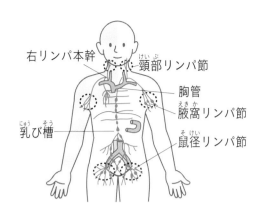

右リンパ本幹
頸部リンパ節 (けいぶ)
胸管
腋窩リンパ節 (えきか)
乳び槽 (にゅうそう)
鼠径リンパ節 (そけい)

内臓のリズムを整える自律神経

　内臓は、自分自身でリズムを調節しています。そのはたらきを担っているのが自律神経です。自律神経には交感神経と副交感神経があり、無意識のうちにからだの機能を調節しています。交感神経はからだを活動的な状態にし、副交感神経は鎮静的な状態にします。交感神経と副交感神経は相互にバランスよくはたらき、どちらか一方ではなく、同時にシーソーのように拮抗してはたらいています。

交感神経のはたらき

　交感神経のはたらきは、からだに危害が及ぶことに対する防御反応です。例えばびっくりすることが起こった場合、心臓がドキドキしたり、血管が収縮して血圧が上がり、消化器の活動を抑えます。

副交感神経のはたらき

　副交感神経は、安静時に作用します。例えばリラックスしているときは、心臓の拍動が穏やかになって、血管も拡張して血流がよくなり、消化管のはたらきを活発にします。

拮抗的なはたらき

　多くの器官は、交感神経と副交感神経の二重の支配を受けています。同じ器官に分布して、ある器官のはたらきを一方の神経が促進すれば、他方の神経は抑制するというように、互いに反対の作用をもちます。このような調節が拮抗的なはたらきです。

ホルモン

　内分泌腺から分泌される**ホルモン**は、からだのはたらきを活性化します。生殖、成長、恒常性の維持、ストレス時に体内のしくみを調整するなど、重要なはたらきを担っています。ホルモンの分泌器官には下垂体、松果体、甲状腺、副甲状腺、膵臓、副腎、卵巣、精巣などがあり、独自のホルモンを分泌しています。

　外分泌腺は導管がありますが、内分泌腺は導管をもたず、ホルモンは直接血液中に分泌され、作用する器官や組織に到達します。

図5　　**ホルモンの分泌器官**

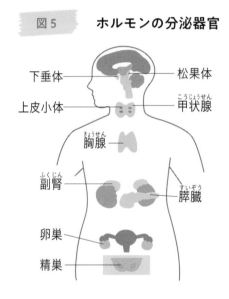

免疫

　免疫は、異物や微生物からからだを守るはたらきをしています。これはからだがもつ防御機能であり、一種の**ホメオスタシス**といえます。特定の病原体に対してはたらくことを**特異的防御機構**といいます。病原体にさらされた後で獲得するため、獲得免疫ともいいます。マクロファージやリンパ球が関係しています。

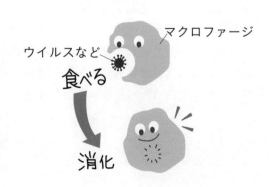

また私たちのからだには、異物であれば何でも攻撃するはたらきがあり、**非特異的防御機構**といいます。これには皮膚や皮膚粘膜が関係しています。例えば皮膚は、皮脂膜でおおわれており微生物が棲みつきにくい環境をつくっています。また身体の開口部にあたる咽頭の粘膜では、免疫物質を含む粘液を分泌しています。さらに、生まれた直後から身体に棲みついている細菌集団（常在細菌叢）が口の中、上気道、腸、皮膚、膣等に存在し防御機構のはたらきをしています。

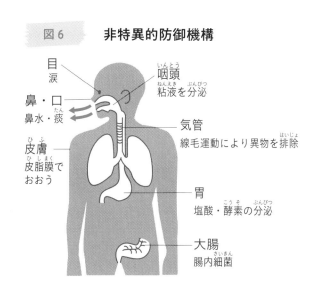

図6　**非特異的防御機構**

目
涙

鼻・口
鼻水・痰

皮膚
皮脂膜で
おおう

咽頭
粘液を分泌

気管
線毛運動により異物を排除

胃
塩酸・酵素の分泌

大腸
腸内細菌

生きていることを示す、バイタルサイン（生命徴候）

体温、脈拍、呼吸、血圧などは、人間が生きていることを示す指標であり、**バイタルサイン（生命徴候）**といいます。「体温」「脈拍」「呼吸」「血圧」の4項目が基本ですが、「意識レベル」を含めた5項目になる場合もあります。

バイタルサインは異常の早期発見のための重要な観察項目であるため、生理的範囲の値とともに影響を受ける要因について理解することが大切です。

体温

体温は脳の視床下部にある体温調節中枢のはたらきによって、一定にコントロールされています。正常な体温（腋窩体温）は、成人で36.0〜37.0℃未満です。乳幼児では高く、高齢者では低めになります。また午後2時〜6時が最も高く、精神的興奮や運動、食事、入浴などの影響によって上昇します。

体温測定は、腋窩で行うことが一般的ですが、外耳や口腔内、直腸で測る場合もあります。最近ではガンタイプの検温器やサーモグラフィカメラでの検温も実施されています。これらは非接触で表面温度を検知しており、スピーディに異常値をスクリーニングできます。異常温度が検知された場合に、改めて体温計での体温測定をすることが重要です。

脈拍

心臓の筋肉が一定のリズムで収縮することにより、動脈を通じ全身に血液が送られます。心臓の拍動に伴い、動脈内壁に圧力の変化が生じるため、橈骨動脈や上腕動脈などでは、体表面から動脈の拍動を感じることができます。これを脈拍といいます。

手首の橈骨動脈に人差し指、中指、薬指を3本並べて当て、1分間の脈拍の回数を数えます。成人では1分間に60～80回程度ですが、運動や入浴、食事の後は増加します。

図7　脈拍の測り方

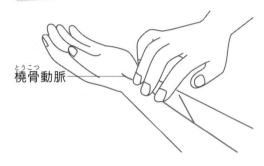

橈骨動脈

呼吸

肺は、空気の出し入れで伸びたり縮んだりすることはありません。肺そのものに自動的に動くしくみはなく、胸郭の容積が変化することで、間接的に伸ばされたり、縮んだりしています。

呼吸には、外肋間筋を使う方法（胸式呼吸）と横隔膜を使う方法（腹式呼吸）があります。両方のはたらきによって呼吸運動が行われています。意識的に呼吸運動を変えることができるため、相手に気づかれないように測定することが必要です。成人では1分間に12～18回程度の規則的な呼吸が正常とされています。乳幼児では多くなります。また、運動や動作時には呼吸数が多くなります。通常、呼吸音はスースーとかすかな音として聞こえます。

血圧

血圧とは、心臓が全身に血液を送り出すときに動脈壁を押す圧力のことです。心臓の収縮力や血液の量、血液の粘り気、血管壁の硬さ、末梢血管の抵抗などが血圧に影響を及ぼします。成人の正常値は収縮期血圧が140mmHg未満かつ、拡張期血圧が90mmHg未満です。このどちらか、または両方の数値が慢性的に超える場合に高血圧と診断されます（表2）。血圧は測定する時間や動きや動作、精神的な緊張により変化しやすいため、その人の正常値を知ることが重要です。

| 表2 | 成人における血圧値の分類 |

分類	診察室血圧（mmHg）		家庭血圧（mmHg）	
	収縮期血圧　　　　　拡張期血圧		収縮期血圧　　　　　拡張期血圧	
正常血圧	＜120　　　かつ　　　＜80		＜115　　　かつ　　　＜75	
正常高値血圧	120-129　　かつ　　　＜80		115-124　　かつ　　　＜75	
高値血圧	130-139 かつ／または　80-89		125-134 かつ／または　75-84	
Ⅰ度高血圧	140-159 かつ／または　90-99		135-144 かつ／または　85-89	
Ⅱ度高血圧	160-179 かつ／または 100-109		145-159 かつ／または　90-99	
Ⅲ度高血圧	≧180　　かつ／または　≧110		≧160　　かつ／または　≧100	
(孤立性)収縮期高血圧	≧140　　　かつ　　　＜90		≧135　　　かつ　　　＜85	

出典：日本高血圧学会高血圧治療ガイドライン作成委員会編『高血圧治療ガイドライン2019』日本高血圧学会、p.18、2019年

意識レベル

　意識とは外からの刺激を受け入れて、自分の状態を外に表現できることです。意識には覚醒と認知があります。意識障害とは揺り動かしても目が覚めないものから、起きてはいるけれども反応が鈍い、すぐに寝てしまうといったものまで含まれます。ふだんと違う反応があるときには意識障害ではないかと考えましょう。

1

人とかかわる

1. 人とかかわる

「人とかかわる」しくみ

　「人とかかわる」をここでは「コミュニケーションをとること」とします。コミュニケーションをとることは、あまりにも日常的であり自然に行われています。私たちは人と出会った瞬間（しゅんかん）、まず目に入った印象で、無意識に表現されているものを相手から受け取っています。その次に言葉やジェスチャー（会釈（えしゃく）など）によるあいさつを交わします。そのときの声の大きさや高低なども無意識に受け取っています。当然、これらは相手にもいえることです。

　コミュニケーションをとる手段として、「会話をすること」がよく用いられます。しかし、それだけで行われるものではありません。コミュニケーションには、お互（たが）いの感情を共有し、理解を深め、関係性を築いていく役割があります。そこでは、非言語や準言語コミュニケーションが果たす役割が大きく影響（えいきょう）しています。

⚒ 「コミュニケーション」の3つのミッション ⚒

❶ 情報の伝達：情報を伝える、情報を得る

❷ 感情の共有：思いに寄（よ）り添（そ）う

❸ 人間関係の形成：信頼（しんらい）関係をつくる

∷ 言語コミュニケーション

言語コミュニケーションについて、多くの人は、主に「話すこと（会話すること）」というイメージをもちます。言語コミュニケーションとして「話すこと（会話すること）」は重要ですが、その他の側面もあります。

理解する	聴覚的理解	言葉を聞いて理解する
	視覚的理解	文字を読んで理解する
伝える	発話	口に出して伝える
	書字	文字に書いて伝える

∷ 非言語コミュニケーション

言語を用いずにメッセージを伝える方法で、視線や表情、ジェスチャーが代表的です。

∷ 準言語コミュニケーション

言語そのものではないですが、言語に付随して、メッセージを修飾して伝える役割をもっています。声の大きさや高さ、声の質、抑揚やイントネーション、話の速度、滑舌のよさなどがあります。

図1　コミュニケーションの手段

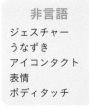

非言語
ジェスチャー
うなずき
アイコンタクト
表情
ボディタッチ

準言語
声の大きさ・高さ
メリハリのある話し方
語尾の抑揚
滑舌のよさ
話す速さ
間合いの取り方

非言語

準言語

言語

∴ コミュニケーションの情報処理

コミュニケーションは、メッセージを送信する人（話し手）と、受信する人（聞き手）との間で、情報のやりとりが行われて成立します。これをコミュニケーションの情報処理といいます。情報処理は表1のようなレベルに分かれています。

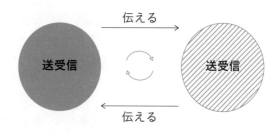

<table>
<tr><td colspan="2">表1　コミュニケーションの情報処理レベル</td></tr>
</table>

①感覚レベル	目や耳で情報を受け取る
②認知レベル	その情報を認識する
③言語理解レベル	認識した情報の意味を理解する
④概念形成レベル	自分の中に生まれた考え、感情、意思をまとめる
⑤言語表出レベル	まとめた考えや意思を適切な単語や文法で話す準備をする、正確な文字を頭の中に思い浮かべる
⑥構音レベル	舌や口唇などの発声発語器官を細かく動かして発音したり、手指を動かして文字を書く

情報処理レベル別のコミュニケーション障害

コミュニケーションに障害が生じる原因は多岐にわたります。情報処理のどの部分に支障があるのかを明らかにすることが適切な支援につながります。

表2　　情報処理レベル別のコミュニケーション障害の種類

情報処理レベル	主な障害領域	主な障害名	症状
①感覚レベル	視覚	白内障・緑内障	視力が低下する 視野が狭まる
	聴覚	加齢性難聴	聞こえが低下する
②認知レベル	視覚的認知	半側空間無視	左右どちらかの空間にあるものに気づかない
③言語理解レベル	内言語	失語症・認知症	聞いた言葉が理解できない 書いてある文字が理解できない
④概念形成レベル	概念形成	認知症 知的機能低下	考えをまとめられない 理解できない
⑤言語表出レベル	内言語	失語症・認知症	考えたことを的確な言葉に置き換えられない 文字で書けない
⑥構音レベル	発声・構音	構音障害	声が出せない・小さい ろれつがまわらない

あ…う

えーと
わからない

相手を認識する

❋ 相手を認識するしくみ

相手を認識するしくみを理解するために、感覚器官や脳のはたらきについてみてみましょう。

見て認識する：目のしくみとはたらき

目は眼球と副眼器からなり、副眼器は、眼瞼・結膜・眼筋・涙器などがあります。眼球は眼窩に収まり、視神経を通り大脳の視覚野に伝わることで「見て認識する」ことができます。眼球は強膜、脈絡膜、網膜の3層でできており、一番内側の網膜には、光を感じ、その強さ、色、形などを識別する視細胞があります。光は、角膜→水晶体→硝子体→網膜と進み、像を映し出します。

図2　**眼球の構造**

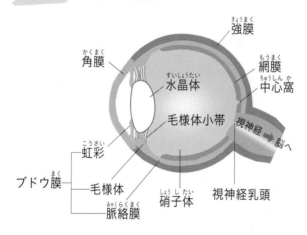

図3　**目の外観**

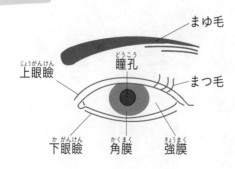

聞いて認識する：耳のしくみとはたらき

耳は外耳、中耳、内耳に分けられます。外耳は耳介（じかい）と外耳道からなる部分です。中耳は鼓膜（こまく）と内耳をつなぐ3つの耳小骨（ツチ骨、キヌタ骨、アブミ骨）があり、耳管によって鼻の後方の鼻咽頭（びいんとう）とつながっています。内耳は聴覚（ちょうかく）にかかわる蝸牛（かぎゅう）と平衡覚（へいこうかく）をつかさどる前庭や3つの半規管からなり、これらの中にはリンパ液という液体が入っています。内耳から聴神経（ちょうしんけい）を通り、大脳の聴覚野（ちょうかくや）に伝わることで「聞いて認識する」ことができます。

図4　耳の構造

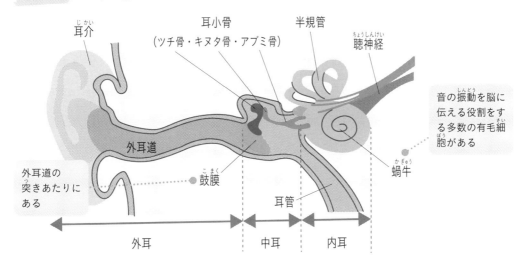

耳介（じかい）

耳小骨
（ツチ骨・キヌタ骨・アブミ骨）

半規管

聴神経（ちょうしんけい）

音の振動（しんどう）を脳に伝える役割をする多数の有毛細胞（さい）がある

外耳道

外耳道の突（つ）きあたりにある

鼓膜（こまく）

耳管

蝸牛（かぎゅう）

外耳　　中耳　　内耳

❈ からだの変化

視覚機能の変化

　外界からの情報の約 80％は視覚によるといわれています。人間の視力は 40 歳頃^{さいごろ}から低下し、75 歳を過ぎると急速に低下します。これは水晶体の弾力の低下や、目のまわりの組織の毛様体筋の萎縮^{いしゅく}による水晶体^{すいしょうたい}の厚みを調整する力の低下、光を通す機能の低下によるものです。

　変化としては、ぼやけて見えたり、細かい字がかすんで見えづらいなどの**老眼**が起こります。加齢^{かれい}に伴う^{ともな}網膜^{もうまく}の神経細胞^{さいぼう}の減少による感度の低下、視覚伝導路の機能低下などの影響により、視野も狭く^{せま}なります。また、円背や眼瞼下垂^{がんけんかすい}による影響^{えいきょう}もあります。明暗順応にかかる時間が延びていき、暗順応の低下によって、明るい場所から急に暗い場所へ入ったとき、暗いところに慣れるのに時間がかかります。

図5　**老眼のしくみ**

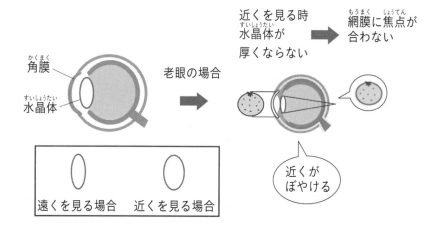

白内障や緑内障

● 白内障

　白内障は、水晶体^{すいしょうたい}が混濁^{こんだく}して起こります。老化現象の１つです。水晶体^{すいしょうたい}のまわりから混濁^{こんだく}が始まり、瞳孔^{どうこう}の中央へと濁る^{にご}ため視力が悪くなります。

図6　白内障のしくみ

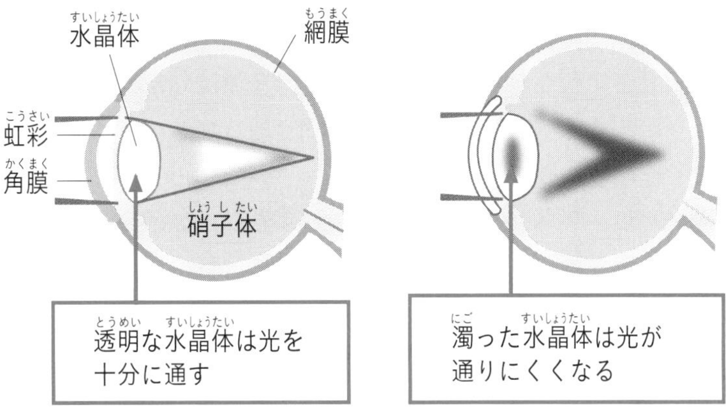

水晶体（すいしょうたい）　網膜（もうまく）

虹彩（こうさい）

角膜（かくまく）

硝子体（しょうしたい）

透明な水晶体は光を
十分に通す

濁った水晶体は光が
通りにくくなる

● 緑内障

　緑内障は視神経が障害され、視野が狭（せま）くなったり、部分的に見えなくなったりします。眼球内の房水（ぼうすい）が増えることで眼圧が上昇（じょうしょう）し、視神経が圧迫（あっぱく）されることで緑内障が起こります。

図7　緑内障のしくみ

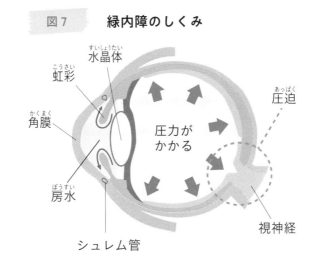

水晶体（すいしょうたい）

虹彩（こうさい）

角膜（かくまく）

圧迫（あっぱく）

圧力が
かかる

房水（ぼうすい）

シュレム管

視神経

聴覚機能の変化

聴力の変化は50歳を超えると著しくなるといわれています。大きな変化は内耳にあらわれ、聞こえにくい、音がはっきり聞こえないなどの症状がみられます。これを感音性難聴といい、高齢者に多くみられる難聴です。低音域は聞き取ることができますが、高音域は聞き取りにくくなります。徐々に音の聞き取りが悪くなったり、音が聞こえる方向がわかりにくくなったりします。

鼓膜に穴が開いたり、中耳に液体がたまったりすることなどの外耳や中耳の何らかの原因による難聴を伝音性難聴といいます。そのほかに、耳垢が耳を塞ぐ耳垢塞栓も高齢者の1割にみられます。

また、感音性難聴と伝音性難聴の両方がある混合性難聴もあります。

半側空間無視

半側空間無視とはどちらか左右の空間を認知できず、左半分もしくは右半分にある物や人に気づきにくい状態のことです。段差があることに気づかずつまずく、壁にぶつかってしまう、左側に置かれた皿に気づかず食べ残すなどがみられます。この半側空間無視は基本的に右大脳半球損傷によって起こることが多いです。その理由は、左大脳半球は右側の空間認知にかかわり、右大脳半球は左側だけでなく右側の空間認知の役割もあるからです。

●コミュニケーション時の困りごと

・自分の左にいる人に気づかない。

・左側の文字を読み落とす。

・病識が薄く、注意が向いていない。

認識できていないから、気づいていないのかも……

✓ 耳垢塞栓：耳垢がたまりすぎて外耳道が詰まった状態。

※ ケアのポイント

　視覚や聴覚に障害や機能低下がある場合、受け取る情報が少なくなるため、日常生活に大きな影響を与えます。

視覚機能の低下した人に対するコミュニケーション

　声をかけるときは、その人の名前を呼んでから自分の名前を言い、用件を話します。言葉をかける前にからだに触れることは、視覚機能の低下した人を驚かせることになるので避けましょう。場所や物の位置を示す場合は、「Aさんの右側に〜」「Aさんの前に〜」など具体的に伝えます。

表3　**視覚機能の低下した人の例**

視覚環境の整備	・直射日光を避ける ・明るすぎず、暗すぎない明るさにする（晴れた日のレースのカーテン越しの光のイメージ） ・天井の照明を自分の頭でさえぎらないようにする ・見たいものに直接ライトを当てる
コミュニケーションの工夫	・キーワードを話す ・複数の人が話すと混乱するため1人が話す ・重要な部分を繰り返す ・文字を示すときは、本人が見える大きさにする

● クロックポジションを使用した伝え方も効果的

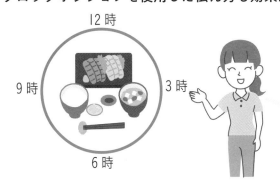

「今日は、マグロとサーモンのお刺身ですよ。お刺身は12時の位置にあります。8時の位置にほかほかの白ごはんと、4時の位置にお味噌汁があります。少し熱そうなので気をつけて食べてくださいね」

聴覚機能の低下した人に対するコミュニケーション

　音が聞こえないということは、人の声が聞こえないというだけでなく、生活のあらゆる音が聞こえないということです。

表 4　**聴覚機能の低下した人の例**

聴覚環境の整備 （ちょうかくかんきょう）	周囲の雑音を避ける（ドアや窓を閉める、テレビを消す、音楽を消すなど）
コミュニケーションの工夫	・聞こえのよい耳のほうから話す ・表情・視線・口の動きがわかるように、相手の前方に回る ・表情・視線・口の動きを見せる ・大きく、ゆっくり、はっきり話す ・手や物を顔の位置に近づける ・補聴器の効果を発揮しやすいように、また相手が自分に注目しやすいようにできるだけ1対1になる

半側空間無視のある人に対するコミュニケーション

　右側あるいは左側の物や人に気づきにくいということは、故意にしているわけではありません。脳の損傷により、どちらかの方向に注意が向かなくなっている状況であることを理解します。

表 5　**左半側空間無視のある人の例**

聴覚環境の整備 （ちょうかくかんきょう）	・ベッドやテーブルの位置は右側にする ・大切な物は右側に置く ・障害物は取り除く
コミュニケーションの工夫	・話しかけるときは右側に立つ ・気づかない場合はからだに触れて注意を促す ・本人に気づきをもたせるため視線を合わせる

声を出す・言葉を発音する

❋ 声を出す・言葉を発音するしくみ

　声を出す・言葉を発音するしくみを理解するために、**発声発語器官**がどのようにはたらいているかみてみましょう。

発声発語のしくみ

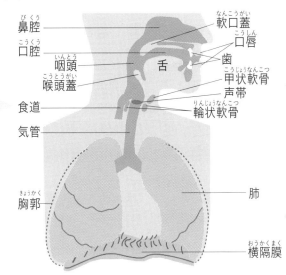

発声発語

肺から口唇に至る呼吸・嚥下に関連する器官がかかわる。これらを発声発語器官という

発声

喉頭のはたらきでつくり出される。肺からの空気の流れによって喉頭内部にある声帯が振動し、声の音源になる

声の音源

声道（喉頭より上部の口唇に通じる部分）に導かれ、構音器官（下顎、口唇、舌、軟口蓋）のはたらきによって、さまざまな言語音が出される

構音器官

　発音は専門的には**構音**といいます。咽頭、口腔、鼻腔が構音にかかわっています。このなかで、下顎、口唇、舌、軟口蓋を構音器官といいます。構音器官の運動や感覚をつかさどっているのは脳神経です。これらの器官や神経が障害されると構音障害（運動性）が生じます。

図8　**構音器官**

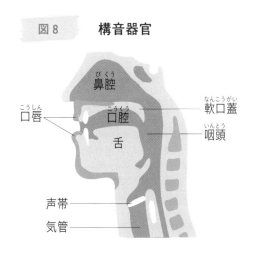

※ からだの変化

　構音器官に障害があると、聞き取りにくい発音、ろれつが回らないしゃべり方などになり、自分の言いたいことを速やかに、正確に相手に伝えることが困難になります。

発声発語器官の欠損や形状の異常

　病気やけがによる発声発語器官の欠損や形状の異常のために構音器官の障害が起こります。先天的には口蓋裂、後天的には舌がんなどにより舌を一部切除して、動きが悪くなるということなどがあります。

発声発語器官の運動の障害

　脳梗塞や脳出血、パーキンソン病などにより、発声発語器官の動きをコントロールする神経が障害されてしまうと、**運動性（麻痺性）構音障害**が起こります。

　ラ行、サ行、ザ行などの音がゆがんだり、別の音になってしまったりします。「りんご」が「いんお」、「9時」が「うい」となるなど、聞き手にとって何のことかわからないということが生じます。

　構音障害は、「構音」に障害があるだけで、相手の話を理解することや認知機能には問題はありません。本人は「言いたいことが伝わらない」「イライラする」「情けない」などの心理状態から、意欲の低下やひきこもりにつながることもあります。

表6　　**失語症と運動性（麻痺性）構音障害の違い**

失語症	運動性（麻痺性）構音障害
・言葉が理解できない国に放り出されたような感じ ・相手が言う言葉が理解できない ・相手に伝えたいことがあるのに話せない ・文字が読めない ・文字が書けない ・計算ができない	・ろれつが回らない ・思ったように声が出ない ・相手の言う言葉が理解できる ・相手に伝えたいことがあるのに、うまく口が動かない、声が出せない ・文字が読める ・文字が書ける ・計算ができる

❋ ケアのポイント

構音障害のある人に対するコミュニケーションのポイントを説明します。

構音障害のある人に対するコミュニケーション

コミュニケーションの5つのポイント

① 短く、ゆっくり話してもらう

　短い言葉に区切り、ゆっくり話してもらう。

② 姿勢を安定させて話してもらう

　安定した楽な姿勢をとってもらう。変形しない形のいすのほうが発声や構音に望ましい。

③ 静かな環境のもとで話を聞く

　ドアや窓を閉め、テレビやラジオの音量を下げる、または消す。

④ 閉じられた質問（クローズドクエスチョン）を用いる

　「はい」「いいえ」で答えることができる質問を用いて、徐々に言いたいことをしぼり込んでいく。

⑤ 聞き取れなかった場合は、わかったふりをしない

　聞き取れなかった場合は、もう1回言ってもらう。聞き取れた部分を、こちらから繰り返す（決してわかったふりをせず、しっかりと聞く）。わからない部分は最終的に本人に文字で書いてもらう。

コミュニケーション機器や五十音表の活用

　構音障害が重度の場合は、文字や絵を描いたボードや五十音表などの文字盤、コミュニケーション機器の活用も検討します。

図 9　コミュニケーション機器

ありがとう■

発音	一覧	元に戻	保存	あ	か	さ	た	な	は	ま	や	ら	わ
トイレ	1	6		い	き	し	ち	に	ひ	み	ゆ	り	を
吸引	2	7		う	く	す	つ	ぬ	ふ	む	よ	る	ん
緊急 体調	3	8		え	け	せ	て	ね	へ	め		れ	ー
全消	4	9		お	こ	そ	と	の	ほ	も		ろ	小
時間 終了	5	0											。

図 10　五十音表

		わ	ら	や	ま	は	な	た	さ	か	あ
や	゛゜		り		み	ひ	に	ち	し	き	い
ゆ	。	を	る	ゆ	む	ふ	ぬ	つ	す	く	う
			れ		め	へ	ね	て	せ	け	え
よ		ん	ろ	よ	も	ほ	の	と	そ	こ	お

口腔体操

　構音障害は嚥下障害を伴いやすいため、嚥下体操も取り入れた発声発語器官の体操を行いましょう。

　首や肩の運動をすることで、食べ物を飲み込みやすくします。口や頬の運動は、舌と頬が協調してはたらいたり、口を閉じるために口輪筋がはたらくことで食べこぼしを防ぐことができます。舌の運動は食塊を正しくかめる位置に移動させたり、口腔内の残渣を少なくするなどのはたらきがあります。パタカラ体操は、嚥下機能にも発声機能（構音機能）にも効果的です。

姿勢

腰かけた姿勢になる

深呼吸

おなかに手をあてて、ゆっくり深呼吸する

首の体操

ゆっくり後ろを振り返る（左右）

耳が肩につくように、ゆっくりと首を左右に倒す

首をゆっくり左右に1回ずつまわす

肩の体操

両手を頭上に上げ、左右にゆっくりと下げる

肩をゆっくりと上げて、ストンと落とす

肩を前後にゆっくりまわす

口の体操

口を大きく開けたり、閉じて歯をかみ合わすのを繰り返す

口をすぼめたり、横に引く

頬の体操

頬をふくらませたりすぼめる

舌の体操

舌を出す。舌を喉の奥へ引く

口の両端をなめる

舌で鼻の下、顎の先をさわる

発音の練習

パタカラ

発音の練習をする

深呼吸

おなかを押さえて深呼吸する

相手の話を理解する・返答する

※ 相手の話を理解する・返答するしくみ

　相手の話を理解する・返答するしくみを理解するために、大脳の言語にかかわる部位（言語野）をみてみましょう。

話を理解する・返答するしくみ

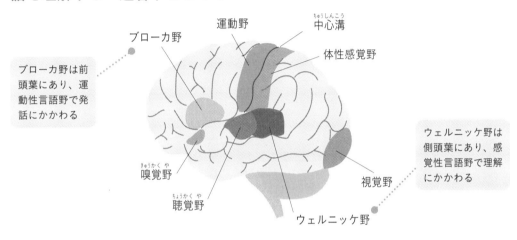

ブローカ野

運動野

中心溝

体性感覚野

ブローカ野は前頭葉にあり、運動性言語野で発話にかかわる

ウェルニッケ野は側頭葉にあり、感覚性言語野で理解にかかわる

嗅覚野

視覚野

聴覚野

ウェルニッケ野

表7　言語の機能

発話	話すこと
聴覚的理解	人の話を聞いて理解する
書字	字を書く
視覚的理解	書かれたものを読んで理解する

COLUMN　言語中枢

　19世紀後半に言語中枢が発見され、言語機能は脳の左半球にあり、特定の部位に存在することが明らかになりました。左半球の多くの部分が言語ネットワークにかかわっていますが、今日では、右半球も言語にとって重要であることが認識され、左右半球が補い合い言語ネットワークを形づくっていると考えられています。

✳ からだの変化

　脳梗塞や脳出血などによって、大脳の言語に<ruby>のうこうそく<rt></rt></ruby>かかわる部位（言語野）が損傷を受けることで、失語症が起こります。失語症では、話す、聞く、読む、書くが多少なりとも障害されます。1つだけが障害された場合は、失語症とは呼びません。

失語症のタイプ

ブローカ失語 （運動性失語）	・自分の言いたいことを言葉で伝えることが難しい ・相手の言っていることや書いてあることはある程度理解できる ・たどたどしい短い言葉を途切れ途切れに話す ・喚語困難（言いたいことが喉まで出かかっているのに、出てこない状態） ・錯誤（別の言葉が出てしまう） ・字を書くことが難しくなる
ウェルニッケ失語 （感覚性失語）	・相手の言っていることを理解することが難しい ・流暢で多弁（口数が増える） ・たくさん話すわりに内容が乏しく、何を言っているのかわからない ・錯誤が連続して外国語のような発話（ジャルゴン）
全失語	・脳の損傷が広範囲に及び、言語のすべての機能が重度の障害を受けている
失名詞失語	・言いたい言葉が言えない症状の1つで、主に名詞が障害される ・流暢に話す ・「あれ」「それ」などの代名詞が多く、違う言い方で補ったりするため、回りくどくなる

❈ ケアのポイント

　失語症(しつごしょう)のある人は、相手の言っていることを理解するのにかなりの努力を要しています。そのため、疲(つか)れやすく、注意機能が持続しにくいため、静かな場所で、1対1で接するようにします。

失語症のある人に対するコミュニケーション

コミュニケーションの7つのポイント

① 静かな場所で、具体的な内容を話す

　静かな場所でゆっくり、短く、わかりやすい言葉で、具体的な内容を話す。

② 絵や写真を使って話す

　理解は比較的(ひかくてき)よいが、発話や書字による伝達に限界がある場合に効果的である。コミュニケーションノートが役立つ場合もある。

コミュニケーションノート

③ ジェスチャー・表情を使って話す

　言葉に詰(つ)まっているとき、ジェスチャーを混ぜることで言葉を思い出すことがある。

④ 閉じられた質問（クローズドクエスチョン）を用いる

　短い文章で、ゆっくりと、明瞭(めいりょう)に話しかける。答えが返ってこないときは、「はい」「いいえ」で答えられる形で質問することも有効である。

⑤ 漢字を用いる

　ほとんどの場合、かなの読み書きが苦手になる。五十音表は本人が苦痛に思うため、漢字で示した単語がわかりやすい。

⑥ 話題を急に変えない

　感覚性失語で聴力(ちょうりょく)理解障害が重度な場合、話題を急に変えられると話の内容についていけず、混乱をきたしやすい。話題を急に変えないようにする。

⑦ 伝わらなければ繰(く)り返(かえ)す、伝わったかどうか確認する

　感覚性失語の場合は、意味を正確に理解できない場合があるので、要点をメモして渡(わた)したり、図で示したりして十分に確認をとる。

●肯定的な反応で答えられるようにする

全失語や重度の運動性失語のある人は、うなずくなどの肯定の動作に比べて、首や手を振るなどの否定の動作（ジェスチャー）が困難です。

「はい」「いいえ」で質問するときには、肯定的な反応で答えられるよう工夫をします。

●失語症のある人は話がしたい

自己を表現する欲求は、失語症のある人でも変わりありません。言葉でうまく表現できない状況のなかで、心の内にはさまざまな思いがたまっていると考えられます。「話がしたい」という思いをくみとり、表情、ジェスチャー、筆談、コミュニケーションノートなど、その人に適した手段を見つけて活用することが大切です。

●自尊心を傷つけない

失語症のある人は言葉の機能が失われていますが、知的機能や認知機能に影響はありません。無意識のうちに子ども扱いしたり、子ども相手のような会話をすることは望ましくありません。自尊心を傷つけないよう言葉遣いには注意が必要です。

相手に触れる

※ 「触れて」「感じ取る」しくみ

刺激を感じ取るところ

　私たちは、人に触れることからさまざまなことを感じ取っています。

　皮膚はからだを保護するだけでなく、触覚、圧覚、温覚、冷覚、痛覚という感覚を、皮膚の内部にある感覚受容器でとらえています。**感覚受容器**は総称で、刺激の内容によって受ける部分が異なります。

| 図11 | 感覚受容器と刺激の内容 |

メルケル小体　自由神経終末　ファーター・パチニ小体　マイスネル小体　ルフィニ小体

刺激の内容
・**自由神経終末**…触覚、温覚、痛覚
・**メルケル小体**…触覚
・**マイスネル小体**…触覚
・**ファーター・パチニ小体**…圧覚、振動覚
・**ルフィニ小体**…皮膚の引っ張りによる緊張

　感覚受容器のほとんどが真皮や皮下組織に位置しており、神経の末端が露出したまま存在しています。その刺激が脳に伝わり「感じる」ということができます。感じる場所を感覚点といいます。

「手」を使う

　介護において「手」を使う行為は、起居や移乗・移動、入浴、排泄の介護などで頻繁に行われています。このように介護職は、日常的に意識的、あるいは無意識に高齢者のからだに触れてケアを行っています。

　「手」を使うケアのなかで、セラピューティックケアは、薬剤や道具を使用せず、洋服を着たまま、両手の温もりだけで行える方法です。一定の圧をかけ、心をこめて両手でやさしくなで、緊張した心と身体をほぐし、安らぎを提供する効果をもちます。

　タクティールケアは、相手の背中や手足をやさしくなでるように触れて、痛みの緩和や、認知症で精神的につらい思いをしている人へのアプローチに使われています。

タッチング

体調を崩してつらいとき、家族に背中をさすってもらって楽になった、気持ちが落ち着いたなどの経験をしたことがあると思います。

高齢者の手を握ったり背中をやさしくさすったりする行為を「タッチング」といい、安心や安楽を与えるための、非言語コミュニケーションの1つです。痛みや不安を解消したり、利用者の心を開いて、介護職との信頼関係を構築する効果もあります。

タッチングの目的と効果

1. 痛みや違和感を緩和する
2. 不安を解消して安心感を与える
3. 信頼関係を築き、相互理解を促す

◉参考文献

- 日本介護福祉士養成施設協会編，中村明美・岩井恵子・井上千津子編『介護福祉士養成テキスト3　コミュニケーション技術／生活支援技術Ⅰ・Ⅱ』法律文化社，2014年
- 介護福祉士養成講座編集委員会編『最新　介護福祉士養成講座5　コミュニケーション技術』中央法規出版，2019年
- 堀内園子『見て，試して，覚える　触れるケア──看護技術としてのタッチング』ライフサポート社，2010年
- 山口創『皮膚感覚から生まれる幸福──心身が目覚めるタッチの力』春秋社，2018年
- 伊藤亜紗『手の倫理』講談社，2020年
- 坂井建雄監ほか『マンガでわかる　人体のしくみ』池田書店，2012年
- 毛束真知子『絵でわかる言語障害──言葉のメカニズムから対応まで』学習研究社，2002年
- 明野伸次「日常的な看護行為に伴う手の接触が対象者にもたらす意義の検討」『北海道医療大学看護福祉学部学会誌』第12巻第1号，pp.67-72，2016年
- 川原由佳里・奥田清子「看護におけるタッチ／マッサージの研究──文献レビュー」『日本看護技術学会誌』第8巻第3号，pp.91-100，2009年

2

身だしなみを整える

「身だしなみを整える」しくみ

　予定のない休日に、寝衣のままで過ごすことはありませんか。そんな状況で訪問者が来ると、あわてて着替えたり、髪を整えたりします。人は他者とかかわるとき、時と場所を考え、自分らしい身だしなみを整えようとします。それは、他者に不快感を与えないようにする気遣いであったり、よい印象をもってもらいたいという心の動きが関係します。心の動きが、身だしなみを整えるという行動につながっています。

　このように、身だしなみを整えることは、自分らしさという自己表現の１つであり、社会とかかわり続けるという社会性を維持する行為でもあります。

　さらに、身だしなみを整えることは、からだの健康を維持するうえでも必要な行為となります。

「身だしなみを整える」の３つのミッション

❶ **健康的な生活の基本となる**：からだの健康、心の健康を維持できる。
　　　　　　　　　　　　　　　　生活リズムを整えることができる。

❷ **人とかかわり、社会生活を維持する**

❸ **生活のなかの楽しみになる**：自己表現、自分らしさを表現できる。

脳のはたらき

　私たちは、季節やその場の環境に応じて身だしなみを整えています。外部からの情報は五感（視覚・聴覚・触覚・味覚・嗅覚）を通じて脳に送られます。脳はその情報を記憶や、自分の好み、持っている服装から判断し、行動に移しています。脳は考えを行動に移すための司令塔としての役割があります。

図1　　脳のはたらき

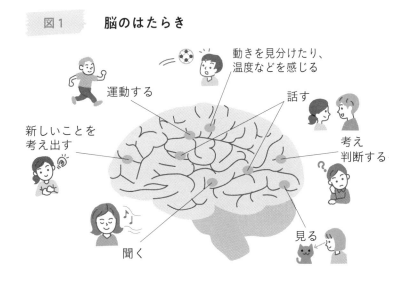

動きを見分けたり、温度などを感じる

運動する

話す

新しいことを
考え出す

考え
判断する

聞く

見る

運動機能

　脳で考え行動しようとしたときに、次に必要なのが運動器としての四肢のはたらきです（p.67 参照）。例えば、衣服を選ぶために、洋服のある場所に移動するには下肢の動きが必要になります。次に、衣服を手に取り、着るためには、上肢を動かす、指を使うなどの動きが必要になります。特に指の動きで重要なのは、親指の動きです。物をつかむ、ボタンをはめるなどの動きには、親指とほかの指が連動する必要があります。

図2　　着衣の動作

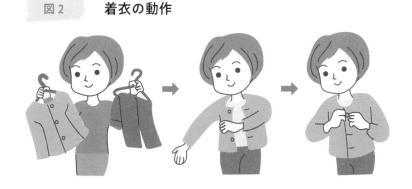

顔を洗う

❋ 顔を洗うときのからだのしくみ

　身だしなみを整える場合、私たちは洗顔し、皮膚の汚れを落としています。そのうえで、皮膚を整える化粧品を使用したり、メーキャップをしたり、ひげを剃るなどという、その人らしい身だしなみを整えていきます。では、顔にはどのようなからだのしくみがあるかみてみましょう。

顔の構造

　顔とは、頭蓋骨頭部の正面部分を示します。顔は、眼（見る）・耳（聞く）・鼻（かぐ）・口（話す）という行為につながる役割のある部分が集中した部位ともいえます。

　顔の主な表情をつくるのは、表情筋と咀嚼筋です。**表情筋**はその名のとおり、感情表現を表すはたらきに関係している筋肉です。表情筋は、多くの筋肉が相互に作用して、表情をつくっています。脳神経である顔面神経の支配を受けています。**咀嚼筋**は、食物を咀嚼するための顎関節や、咀嚼運動に関係する筋肉です。咀嚼筋は三叉神経（顔の触覚や痛覚、口腔の感覚などを脳に伝える神経）の支配を受けています。

図3　　**頭部にある筋肉**

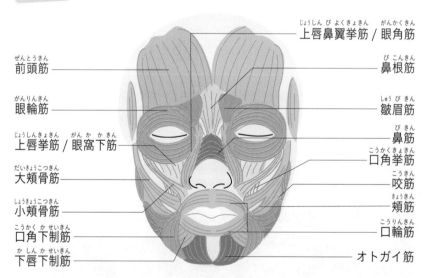

前頭筋（ぜんとうきん）
眼輪筋（がんりんきん）
上唇挙筋 / 眼窩下筋（じょうしんきょきん / がんか かきん）
大頬骨筋（だいきょうこつきん）
小頬骨筋（しょうきょうこつきん）
口角下制筋（こうかく かせいきん）
下唇下制筋（か しんか せいきん）

上唇鼻翼挙筋 / 眼角筋（じょうしん び よくきょきん / がんかくきん）
鼻根筋（びこんきん）
皺眉筋（しゅう び きん）
鼻筋（び きん）
口角挙筋（こうかくきょきん）
咬筋
頬筋（きょうきん）
口輪筋（こうりんきん）
オトガイ筋

表1　**顔面を構成する主な筋肉**

表情筋	前頭筋	両側の眉を上げて、額に横じわをつくる
	眼輪筋	瞼を閉じる
	口輪筋	口をすぼめたり唇をとがらせる
	皺眉筋	眉間に縦じわをつくる
	笑筋	えくぼをつくる、口角を横に引く
	頬筋	頬をすぼめる
咀嚼筋	咬筋	側頭筋とともに口を閉じる、下顎を引き上げて歯をかみ合わせる
	側頭筋	下顎を挙上して口を閉じる、歯をかみ合わせる、下顎を後方に引く
	外側翼突筋	口を開ける、顎を前に引き出す、食べ物をすりつぶす、内側翼突筋とともにはたらく
	内側翼突筋	下顎を挙上する、外側翼突筋とともにはたらく

出典：介護福祉士養成講座編集委員会編『最新　介護福祉士養成講座11　こころとからだのしくみ』中央法規出版、p.115、2019年

　顔面を構成する主なこれらの筋肉は、言葉で表すことのできない非言語コミュニケーションを担う部分でもあるといえます。

　例えば、会話のなかで、あなたが、口のまわりの口輪筋を動かし口角を上げ、歯を少し見せるようにすると、話し相手に「わかりました」と言葉を介さず伝えることになります。相手は「笑顔だ。わかってくれている」と受け取ることになります。ただし、これらの動きは意図的につくることもできるものです。その人の本心を表現していない場合もあります。

皮膚の構造

　筋肉の上につく皮膚の構造は顔面も同様です。汗腺により汗が出て、皮脂腺からは油分が分泌され、毛があります。皮膚には身体に対しての、外部からのさまざまな刺激を保護するバリア機能などがあります（p.145 参照）。

　皮膚のpHは弱酸性です。皮膚は弱酸性を保つことで、肌の潤いを保ち、バリア機能としての機能を果たしています。皮膚の表面には、皮脂膜がつくられています。皮脂膜は皮脂と汗が混ざり合ったもので、皮膚を保護する機能をもっています。

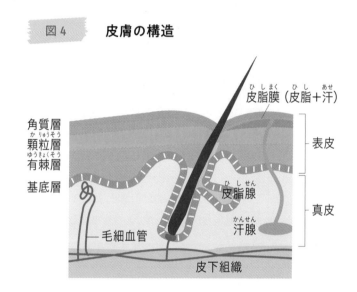

図4　皮膚の構造

　顔の皮脂腺は、身体に比べて多いとされているので、汚れが出やすい、つきやすい部位でもあります。Tゾーンと呼ばれる、額から鼻にかけての部位は、特に皮脂腺が多い部位とされているので、洗顔の際には注意します。一方で、Uゾーンと呼ばれる部分は、皮脂分泌量が少なく乾燥しやすい部位ともいえます。洗顔後の保湿に注意したい部位です。

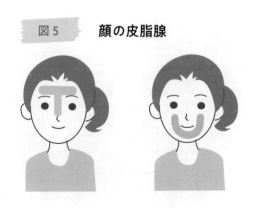

図5　顔の皮脂腺

❋ からだの変化

乾燥しやすい

　皮膚は新陳代謝を繰り返し、常に新しく生まれ変わっています。しかし、加齢に伴い、皮脂の分泌が低下します。そのため、皮膚表面を覆う皮脂膜が薄くなり、皮膚表面の水分が失われやすくなるので、皮膚が乾燥しやすい状態になります。乾燥はかゆみにつながります。

　また、皮下組織の脂肪層が衰え、皮膚全体が薄くなり、真皮の弾力性が衰えます。このような状態から、皮膚にしわができやすい状態になります。

傷つきやすい

　加齢に伴い、皮膚表面の水分や弾力性が低下するため皮膚は傷つきやすい状態になります。そのため、介護時の力の加え方などによって、皮膚が裂けやすい状態になります。近年このことは、**スキンテア（皮膚裂傷）** と呼ばれています。スキンテアは、皮膚に貼った絆創膏などのテープをはがす際に起こる皮膚の外傷性のもので、長時間の同一体位などで、持続的な圧迫と皮膚のずれで生じる褥瘡とは違いがあります。

しわやたるみが出やすい

　加齢に伴い、皮膚の弾力や表情筋の衰えにより、しわやたるみが出やすい状態になります。しわやたるみのあらわれ方は、人それぞれですが、深いしわやたるみのある部分には、汚れが残りやすい状態になります。

❄ ケアのポイント

汚れの落とし方

　加齢に伴う皮膚の状態を踏まえ、どこに汚れがつきやすいのかを意識して確認するようにします。深いしわがある場合には、しわが重なった部分に汚れが残りやすいです。また、食事による口のまわりなどの汚れは、そのつど拭き取ることで、汚れの蓄積を防ぐことができます。

　洗顔時には、使用する石けんにも注意します。皮膚の成分に近い、弱酸性や低刺激性のものを準備します。

　皮膚の洗浄時には、ゴシゴシ洗うのではなく、皮膚を守るために、石けんを泡立てて、泡をのせるように洗います。

　洗顔は、高齢者の生活習慣のなかで一定の方法があります。介護職は、高齢者の習慣を理解し、次にその方法でよいか、支障はないかを確認します。支障がある場合には、高齢者とともに、改善する方法を考えます。

皮膚の乾燥を防ぐ

　皮膚の乾燥がかゆみを誘発することがあります。皮膚の清潔を行った際には、保湿を心がけます。洗顔後の場合には、高齢者がいつも使用している化粧品などを使用し保湿することがよいでしょう。入浴後には、全身の皮膚の保湿が必要です。

眼の拭き方

　顔を拭いたり、洗ったりする場合には、眼のまわりも注意して清潔にしましょう。高齢者の場合、起床時には目やに（眼脂）が、目頭や目尻にみられたりします。目やには、眼の代謝活動で生じた老廃物です。睡眠中は目のまばたきが止まり、分泌物がたまるために、起床時、目やにとして確認することができます。通常の目やには、洗顔時に拭き取ることができる量のものです。

　目やにが多量であったり色がついている場合には、感染症等の病気が考えられるため、医療職に報告しましょう。目やにの状態とともに、眼球結膜の充血がないか、痛み

や見え方に違いはないかも確認しておくと、医療職が判断する情報に役立ちます。その際、介護職は感染症の場合も考えて、手指消毒に注意します。

● **清拭時の眼の拭き方**

　目やにがみられた場合は、先に目やにを拭き取ってから拭きましょう。

　目頭から目尻に向かって、同じ方向に拭きます。これは筋肉の走行に沿った拭き方で、目やにで涙腺を詰まらせない、感染予防のための拭き方です。

　反対の眼を拭く場合には、タオルの面を替えて拭きます。

目頭から目尻へ

歯をみがく

❋ 歯をみがくときのからだのしくみ

歯のはたらき

　歯は、食べ物を切る、刻む、すりつぶす、唾液と混ぜて固形物をドロドロの様態にします。さらに、歯は発音にも関係しています。歯を失いすき間ができると、発音が聞き取りにくくなったりします。

歯の構造

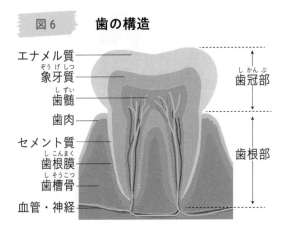

図6　　歯の構造

エナメル質
象牙質
歯髄
歯肉
セメント質
歯根膜
歯槽骨
血管・神経

歯冠部
歯根部

表2　　主な歯の構造の役割

エナメル質	からだの中で最も硬い部分です。食べ物の中の化学物質や、硬い食べ物、咀嚼から歯を守るために硬くなっています。
セメント質	歯根部分の表面を覆う部分です。薄く硬い組織からできています。歯根膜によって歯を支える歯槽骨と結合しています。
象牙質	歯の主体となる部分で、エナメル質とセメント質の内部にあります。
歯髄	血管や神経が入り込み、象牙質に栄養を補給します。また神経があることから、温かい・冷たい等の刺激を感じます。
歯槽骨	歯を土台から支えるはたらきがあります。

歯の数

　歯は、おおむね生後6〜7か月頃に下顎や上顎の中央から生えはじめます。これを乳歯といい、2歳半くらいまでに20本生えそろいます。永久歯はおおむね6歳頃から徐々に生えかわりはじめます。永久歯は28〜32本となります。

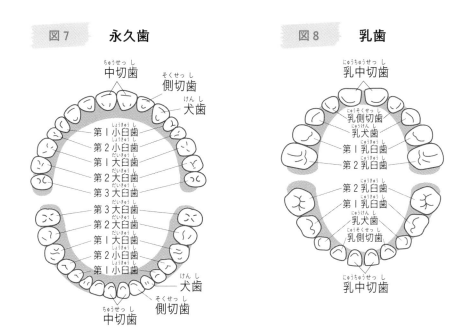

図7　永久歯

図8　乳歯

❈ からだの変化

歯の変化

　歯は加齢とともに摩耗し（すり減り）もろくなります。さらに、エナメル質の産生が減少することで、歯の表面に食物残渣などがつきやすく、色も黄ばんできます。歯に食物残渣が残りやすくなることで細菌繁殖の温床にもなりやすいです。そうならないように、歯みがきにより**歯垢（プラーク）**を落とすことが必要になります。

　歯垢（プラーク）が残ってしまうと歯石となり、歯みがきだけでは取り除けなくなります。その歯石にも細菌がつきやすくなり、口腔内の清潔を保持できなくなります。

歯肉の変化

　歯と歯肉の間に付着した歯垢（プラーク）は、歯肉や歯を支える歯槽骨など歯の周囲組織に変化を起こし、歯周病の原因となります。**歯周病**は、歯肉の炎症から始まり、最後には歯が抜けてしまうことのある疾患です。

図9　　**歯周病の進行段階**

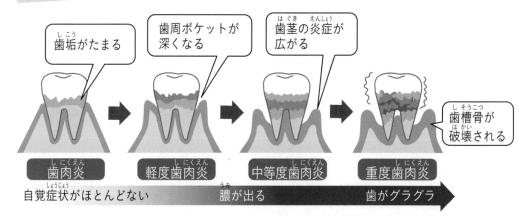

歯垢がたまる

歯周ポケットが深くなる

歯茎の炎症が広がる

歯槽骨が破壊される

歯肉炎　　　軽度歯肉炎　　　中等度歯肉炎　　　重度歯肉炎

自覚症状がほとんどない　　　膿が出る　　　歯がグラグラ

※ ケアのポイント

歯みがきを行う

　歯みがきは、口腔内の清潔を保持するために行われますが、それ以外にも、虫歯や歯周病、口臭を予防する、感染症や誤嚥性肺炎の予防に効果的です。適切な歯みがきを行うためには、まず口腔内の汚れやすい部分を知ることが必要になります。麻痺がある高齢者の場合、麻痺側は全体に汚れが残りやすいので、注意します。

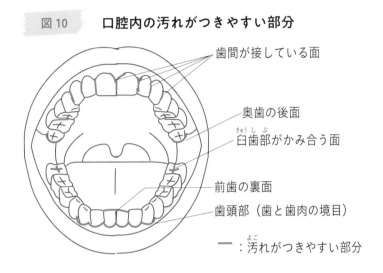

図 10　口腔内の汚れがつきやすい部分

- 歯間が接している面
- 奥歯の後面
- 臼歯部がかみ合う面
- 前歯の裏面
- 歯頭部（歯と歯肉の境目）

━━ ：汚れがつきやすい部分

歯みがきの方法

　歯みがきをする前には、うがいや清拭で取れる口腔内の汚れは取っておきます。うがいには、「ブクブクうがい」と「ガラガラうがい」がありますが、口腔内をきれいにするのは、「ブクブクうがい」です。

歯ブラシの持ち方

　適切な歯みがきは、鉛筆を持つときのように歯ブラシを持ち、適度な弱い力（150～200g）でみがくとよいとされています。強い力で歯みがきをすると、歯肉を傷つけることになるので注意します。また、適切な歯みがきの方法で、歯肉から出血がみられた場合には、医療職に報告します。さらに、重度の歯周病がある場合には、歯みがきで歯を失う場合があります。介護職はこの場合、歯みがきは行わず、医療職に報告します。

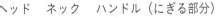

ヘッド　ネック　ハンドル（にぎる部分）

鼻や耳を手入れする

❄ 鼻や耳のからだのしくみ

鼻のしくみ

鼻は気管の一部としての呼吸機能と、においを感じる感覚機能をもつ器官です。鼻は、外鼻、鼻腔、副鼻腔で構成されています。

●外鼻

外鼻は、顔の中央部分に突出した部分で、眼の下の中央部分に鼻骨があり、鼻軟骨で鼻の形をつくっています。そこから下に向かって、鼻背、鼻尖、鼻翼部と呼ばれています。鼻の穴の部分を外鼻孔といい、外界と通じている部分です。

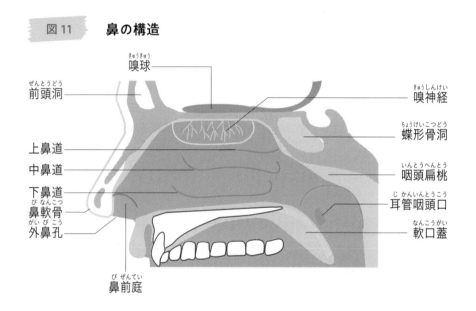

図11　鼻の構造

- 嗅球（きゅうきゅう）
- 前頭洞（ぜんとうどう）
- 嗅神経（きゅうしんけい）
- 蝶形骨洞（ちょうけいこつどう）
- 上鼻道
- 中鼻道
- 下鼻道
- 咽頭扁桃（いんとうへんとう）
- 鼻軟骨（び なんこつ）
- 外鼻孔（がい びこう）
- 耳管咽頭口（じ かんいんとうこう）
- 軟口蓋（なんこうがい）
- 鼻前庭（び ぜんてい）

●鼻腔

鼻腔は、外鼻孔から咽頭までをいいます。外鼻孔から2cmくらいの部分は皮膚で覆われ、鼻前庭と呼ばれます。その奥は粘膜に覆われています。鼻腔内は軟骨の鼻中隔（鼻の穴を左右に隔てている壁）で左右に分けられ、鼻腔内のひだで上鼻道・中鼻道・下鼻道に分けられています。鼻腔の粘膜は、空気の温度を感知し、急激な温度変化から気管支や肺を保護するという役割をもっています。また、鼻の入り口にある鼻毛には、細菌やほこりを気管の奥に入れないような役割があります。

鼻中隔の前端部分をキーゼルバッハ部位といいます。ここは毛細血管が豊富にあるので、鼻出血が高頻度に起こる部位です。

● 副鼻腔

副鼻腔は、頭蓋骨の頬の部分や額と眉毛の後ろ部分などにある空洞のことをいいます。副鼻腔の内面は鼻粘膜の続きで覆われ、粘膜の線毛は細菌やほこりなどを副鼻腔外に除去するはたらきがあります。

においを感じるしくみ

においを感じる嗅細胞は、鼻腔の内側を覆う粘膜（嗅上皮）にあります。嗅上皮の表面には、嗅繊毛と呼ばれる多数の突起があり、においの刺激を受けると興奮し、その興奮を嗅神経がとらえて電気信号に変えて大脳に送ります。大脳では、経験や記憶などの情報と、入ってきた情報を照らし合わせてにおいを認知します。嗅覚には順応性があるとされているため、同じにおいを嗅ぎ続けると、そのにおいを識別しなくなるとされています。

図12　においを感じるしくみ

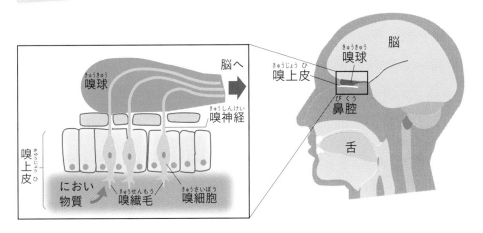

耳のしくみ

耳は、聴覚と平衡感覚にかかわる器官です。外耳、中耳、内耳で構成されています。外耳と中耳は、音の伝達器官です。内耳は、音と平衡感覚の受容器です。内耳の前半部に聴覚神経、後半部に平衡感覚器があります。

図 13　**耳の構造**

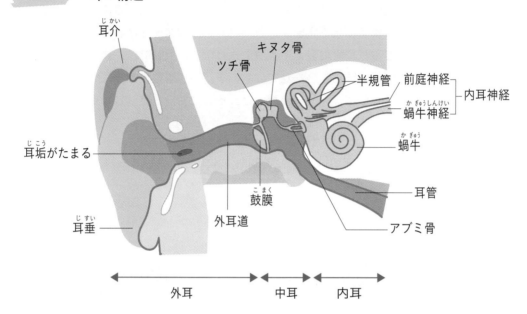

●外耳のしくみ

外耳は、音を集めるはたらきのある耳介と、音を伝えるはたらきのある外耳道から構成されています。

外耳道は、長さ約 2.5 ～ 3 cm の耳介から鼓膜までの空洞部分をいいます。外耳道の中央部分は軽くカーブしています。外耳道内の皮膚には、アポクリン腺が開いています。ここからの分泌物は耳垢（耳あか）と呼ばれています。アポクリン腺は、外耳の高くなったところより奥にはないとされています。

●中耳のしくみ

中耳は、外耳道からの音を振動に変えて内耳に伝えるはたらきがあります。鼓膜、鼓室、耳管で構成されています。

鼓膜は、外耳と中耳を分ける楕円形の薄い膜で、ツチ骨が付着しています。

鼓室は鼓膜の奥にある空洞になった部分で、耳小骨と呼ばれる 3 つの小さな骨から構成されています。耳小骨は鼓膜に付着するツチ骨からキヌタ骨、アブミ骨に音が伝わります。これを骨伝導と呼びます。最後のアブミ骨は内耳に音を伝えます。

耳管は、鼓室と咽頭を結ぶ長さ約 3.5cm ほどの管です。鼓室内に空気を送り、内圧と外圧を同じにするはたらきがあります。

●内耳のしくみ

内耳は、聴覚器と平衡感覚器からなります。耳小骨によって伝わった振動は、前庭を経て内耳の蝸牛のリンパ液に伝わります。その後、振動は電気信号に変わり脳に音を伝えます。

内耳の半規管は前庭神経と連結し、平衡感覚を受けもっています。運動調節にかかわる小脳と連動しています。

図14 **内耳の構造**

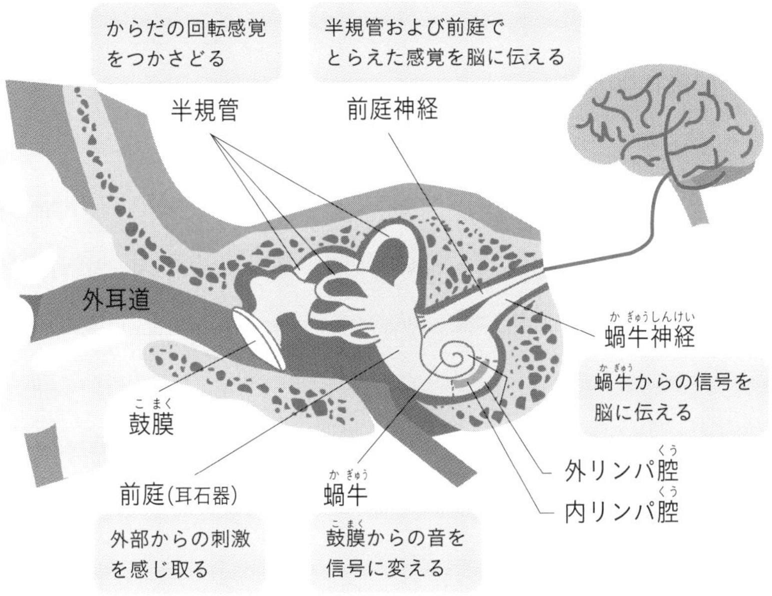

からだの回転感覚をつかさどる
半規管

半規管および前庭でとらえた感覚を脳に伝える
前庭神経

外耳道

蝸牛神経
蝸牛からの信号を脳に伝える

鼓膜

外リンパ腔
内リンパ腔

前庭（耳石器）
外部からの刺激を感じ取る

蝸牛
鼓膜からの音を信号に変える

✳ からだの変化

加齢による耳の変化

聞くことの変化

　加齢に伴い聴覚は低下していきます。その変化が大きいのは内耳です。そのため、音がゆがむ、はっきり聞き取れない状態になります。聴力の低下は 50 歳を超えた頃から高い音が聞こえにくくなり、70 歳代では、音が大きくても高い声が聞こえにくくなります。加齢に伴う難聴は、内耳の蝸牛内にある細胞が障害されることで生じるとされています。

図15　**加齢に伴う聴力変化**

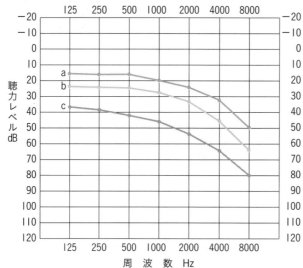

a：高齢前期（65〜74歳）、b：高齢後期（75〜84歳）、c：超高齢期（85歳以上）

出典：八木昌人・加我君孝「加齢と聴覚機能」『JOHNS』第 15 巻第 7 号、p.990、1999 年

　加齢による聴力の低下は、生活のなかで他者とのコミュニケーションなどで楽しみを感じることが少なくなる、危険を察知することが遅くなるなど、さまざまな場面で支障をきたします。

表3　**伝音性難聴と感音性難聴**

伝音性難聴	外耳や中耳に原因	音が小さく聞こえる。補聴器の使用で改善する
感音性難聴	内耳に原因	高い音が聞こえにくい

平衡感覚での変化

内耳の平衡感覚の機能も低下します。からだの各部の位置関係や回転などの調節機能が低下するので、めまいを起こしやすくなります。さらに姿勢の保持が難しくなったり、バランスを崩しやすくなり、転倒しやすくなります。

> **高齢者の訴えによるめまいの区別**
>
> ・「頭がふらふらする」
>
> 　脳の血流が関係している場合が多いとされています。姿勢を急に変えたときにみられる起立性低血圧などが考えられます。
>
> ・「からだが沈む」「ぐるぐる目が回る」
>
> 　発作的なめまいの場合、多くは内耳の障害が関係しているとされています。

耳の病気でみられる音の変化

●滲出性中耳炎

中耳炎は痛みがあると思われがちですが、**滲出性中耳炎**は痛みのない中耳炎で、子どもと高齢者に多い中耳炎です。中耳に滲出液がたまるので、聴力が低下します。高齢者の場合、加齢に伴い聴力が低下するので、聞こえないのは年のせいと思われ、見逃されやすいです。

加齢によるにおいの変化

加齢に伴い嗅覚の機能は衰えます。嗅覚が衰える原因には、においを受け取る嗅細胞の数の減少と、嗅神経の機能低下があるといわれています。そのため、食事を楽しむことができなくなるほか、危険を察知する能力が低下していきます。しかし、きわめて高齢でない限り、嗅覚が完全に失われることはないといわれています。

❋ ケアのポイント

耳の清潔

　耳介部や耳の内側のひだの間は、ほこりや垢が蓄積しやすい部位です。高齢者自身が汚れに気づきにくい部位でもあるので、介護職は洗顔時に注意して見ましょう。介護が必要な高齢者の場合、固くしぼったタオルで拭くようにします。汚れが取れにくい場合には、オリーブオイルなどを塗り、しばらく置き、垢を浮かせるようにして、汚れを取ります。タオルでゴシゴシこすると皮膚を傷つける原因にもなるのでやさしく拭き取るようにして行います。

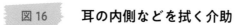

図16　　耳の内側などを拭く介助

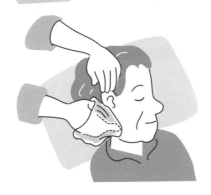

耳垢の除去

　耳垢は外耳道にあるアポクリン腺などでつくられ、量や硬さには個人差があるとされています。アポクリン腺は、外耳道の少し高くなった部分の手前に分布されており、たまった耳垢は自然に耳の外に排出されるとされています。外耳にみられた耳垢を無理に除去しようとすると外耳を傷つけることがあるので、無理には除去せず、綿棒でやさしく拭き取るようにします。

　だらだらと流れるような耳垢や、においを伴う耳垢の場合は、耳の病気が関係していることがあるので、医療職に報告することが必要になります。

> ### 介護職が行える耳垢の除去の範囲
>
> 　厚生労働省通知「医師法第17条、歯科医師法第17条及び保健師助産師看護師法第31条の解釈について」（平成17年医政発第0726005号）では、介護職が行える耳垢の除去の範囲として、耳垢塞栓の除去以外とされています。**耳垢塞栓**とは耳垢が大量にたまり、耳の穴が狭くなり、詰まった状態です。このような状態の場合は、耳鼻科医の診察を受けましょう。

鼻の清潔

　鼻の分泌物は、鼻をかむ行為で取り除くことができます。しかし、1日臥床している、または自分で鼻をかめないような介護を必要とする高齢者の場合には、鼻の分泌物がたまりやすい状態になります。固まった分泌物を無理にはがそうとしてはいけません。鼻の入り口部分には、血管に富んだキーゼルバッハ部位があり、傷つきやすく、出血しやすいためです。

　固まった鼻の分泌物は、入浴後あるいは熱い湯でしぼったタオルを鼻の上にのせてから取るようにします（やけどに注意します）。湿気で除去しやすくなるので、粘膜を傷つけることを予防できます。

鼻出血への対応

　鼻出血は、キーゼルバッハ部位で生じることが多いことはお伝えしたとおりです。鼻出血の対応として、首を後ろにする場合がよくみられますが、それは誤った対応です。

　キーゼルバッハ部位からの出血は静脈からの出血のため、5〜10分程度その部位を圧迫しておくようにすると止血されます。その際には、圧迫し続けることが重要になります。何度も汚れたものを取り替えようとすると、その効果が薄れます。さらに、首を後ろにした状態にすることもよくみられますが、この姿勢は鼻の奥に流れた血液が気管に入りやすくなるので、避けましょう。

　いすなどに座り、安定した姿勢でやや顎を引いた姿勢にします。

図 17　　**鼻出血の対応**

爪を手入れする

※ 爪のしくみ

爪は、手や足の指先にあり、皮膚の付属器官です。皮膚表皮の角質が変化したもので、皮膚の成分のたんぱく質がケラチンという硬い組織に変化したものです。

爪は皮膚の中にある、爪根の内側にある爪母でつくられます。おおむね1日に約0.1mmずつ指先に向かって伸びます。爪母に近い爪のほうが硬く、指先に向かうにつれて、割れやすくなります。足の爪の伸び方のほうが遅いとされています。

爪そのものは半透明ですが、爪の下にある爪床には毛細血管があります。そのため正常な爪の色は、桃色（ピンク色）です。爪を圧迫すると白くなるのは、血液の流れを止めることで起きます。爪半月は、白くはっきりしています。この部分は爪がまだ角質化していない部分です。

図18　爪の構造

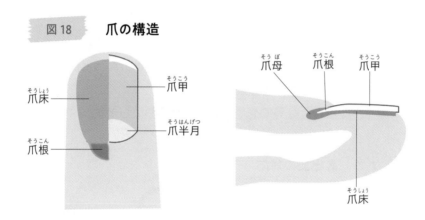

爪床　爪甲　爪半月　爪根
爪母　爪根　爪甲　爪床

爪の主なはたらき

・指先を外力から保護する

・指を支える

・手足の動きを助ける

→手の爪は、物をつまむことを可能としている。足の爪は、体重を支えるのに役立っている。

❄ からだの変化

加齢による爪の生理的な変化

加齢による生理的な変化としては、次のようなものがあります。
・色が濁り、全体に荒く艶のない状態
・脆弱化（もろく弱くなる）
・縦に走る線条（すじ）が出る
・厚くなる
・巻き爪になりやすい

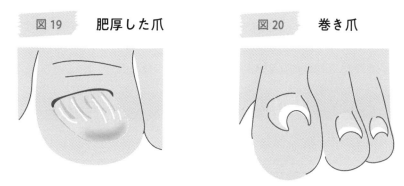

図 19　肥厚した爪　　　図 20　巻き爪

　肥厚した爪や、巻き爪は足の親指に多くみられます。原因は、加齢や足に合わない靴を長期間履くこと、誤った爪切りをすることなどがあります。
　その他に、ふだんあまり歩かない高齢者や麻痺のある人にもみられます。この場合は、指先に適切な力が加わらないため、皮膚がやせたり、盛り上がることが原因とされています。爪白癬の場合にも肥厚した爪がみられますが、爪が硬く厚いところが異なります。

陥入爪

　陥入爪の原因は、不適切な爪切りです。爪の辺縁が周囲の皮膚に食い込むことで、痛みがあります。

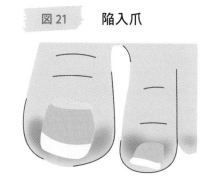

図 21　陥入爪

爪白癬

爪白癬は、白癬菌が爪の下の皮膚に感染した状態です。爪が白く濁り、肥厚し、ポロポロと落ちてくるような状態になります。爪自体にかゆみはありません。足全体が白癬菌に感染した状態になった場合、爪白癬にかかることが多いとされています。白癬菌の感染は、ほかの皮膚の部位でもみられます。治療方法としては、服薬による治療があります。

爪の色で確認できる健康状態

爪は、身体の状態を表す部位でもあります。

爪の色が急激に変化した場合の例として、暗褐色になると「爪にチアノーゼがみられる」という状態になります。チアノーゼは、赤血球内で、酸素運搬の役割を担うヘモグロビンが、二酸化炭素と結合した状態でみられるものです。この状態がみられた場合には、呼吸器や循環器での急激な変化があるということがわかります。

爪を押すと白くなりますが、通常は押すのをやめると赤い色に戻ります。白くなったまま戻らない状態は、血液循環に異常がある場合があります。また、脱水の場合でも色が戻りにくくなります（ブランチテスト）。

爪の状態で確認できる健康状態

スプーン爪

爪が爪甲から反り返り、スプーンのようにくぼみ、上向きになった状態を**スプーン爪**（さじ状爪）といいます。生活習慣でも生じるときがありますが、鉄欠乏性の貧血などがあるときにみられます。

図 22　　**スプーン爪**

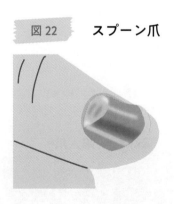

ばち状爪

　指先が丸く大きく膨れて、爪の中央部も丸みを帯び、指の先端を包み込むようにして伸びていて、太鼓をたたくバチに似ている状態をばち状爪といいます。手指が同様に変化したばち指と一緒にみられる場合が多いです。呼吸器系疾患や心疾患の際にみられます。

図 23 　ばち状爪

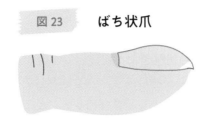

❋ ケアのポイント

爪切り

　爪は皮膚の一部の硬い組織ですが、入浴後や手浴後に切ると、柔らかくなり切りやすくなります。

　爪の切り方にも注意します。不適切な爪の切り方や深爪により、巻き爪や陥入爪になる場合があります。また、加齢により縦筋が入った爪は、一度に大きく切ろうとするよりも、小さく切っていかないと、爪が割れたりします。

　爪を切る際には、爪と皮膚の状態をよく観察してから、切りましょう。高齢者の場合、爪と皮膚の間が明確でない場合があります。よく観察しておかないと、皮膚まで切る場合があります。状態を確認し指先の安定を保持することで、皮膚の損傷を防ぐことになります。

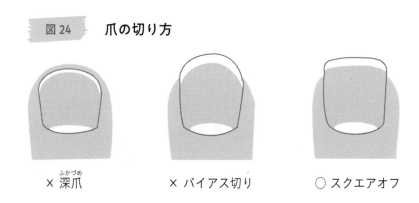

| 図 24 | 爪の切り方 |

× 深爪　　　　　× バイアス切り　　　　○ スクエアオフ

爪を切る目安

　白い部分を I 〜 2 mm 程度残すくらいとされています。深爪にならないように注意します。

手の爪を切る際の介護職の位置

　高齢者と同じ目線（自分がいつも切っている目線）に位置することがよいとされています。これは、高齢者と対面するような姿勢は、死角が多く存在し、深爪や皮膚を傷つける危険性があるからです。

爪をいつ、どのくらい、どのように切るかは、高齢者の生活習慣により異なる場合が多いのですが、介護職が正しい切り方をすることにより、爪の状態が改善される場合も多いものです。不適切な爪切りは、足の指に力が入らないなど、歩行状態を悪化させてしまうことがあります。

介護職が行える爪切りの範囲

厚生労働省通知「医師法第17条、歯科医師法第17条及び保健師助産師看護師法第31条の解釈について」（平成17年医政発第0726005号）では、介護職が行える爪切りの範囲として、爪そのものに異常がない、爪の周囲の皮膚にも化膿や炎症がない、糖尿病等の疾患に伴う専門的な管理が必要でない状態としています。

糖尿病のある高齢者の場合、感染症にかかりやすく、治りにくいという疾患の特徴をもっています。もし誤って深爪にしたりすると、その傷をきっかけとして壊疽を起こしたりすることがあります。

ケアをしていくなかで、肥厚した爪や、巻き爪、陥入爪がある場合は、まず医療職に相談し、治療が必要な場合には、医療につなげることが介護職としての役割になります。介護職は不適切な爪切りで、巻き爪や陥入爪にしないようにします。

爪を切った後のケア

爪を切った後は、必要であればやすりをかけて、切断面の凸凹をなくしておきます。凸凹があると、爪が衣服に引っ掛かる、皮膚を傷つけるなどの原因になります。やすりをかけるときには、同じ方向に向けてかけます。左右にかけると爪が割れる原因となります。やすりをかけて出た粉は、拭き取るようにします。

爪は皮膚の一部であるため、保湿することも必要です。入浴後、全身を保湿するのと一緒に、指先までの保湿を行います。

◉参考文献

● 川島みどり監，看護技術スタンダードマニュアル作成委員会編『看護技術スタンダードマニュアル』メヂカルフレンド社，2006年
● 医療情報科学研究所編『看護がみえる vol.1 基礎看護技術』メディックメディア，2018年
● 高橋龍太郎『図解・症状からみる老いと病気とからだ』中央法規出版，2002年

3

移乗・移動する

「移乗・移動する」しくみ

　日常生活では、「寝る」「起き上がる」「座る」「歩く」などの姿勢や動作をもとに、身じたくを整える、食事をする、排泄をする、衣服を着替えるなどの動作を行っています。それらが円滑に行えることで快適に過ごすことができ、生き生きとした生活を継続することができます。また、からだの組織や器官を動かすことで健康も維持されます。

「移動・活動」の３つのミッション

❶「○○がしたい（活動）」という目的をもった日常生活にする：
移乗・移動が目的ではなく、その先にある「○○がしたい（活動）」が目的である。

❷ 快適な気持ちよい生活を送る

❸ 筋力や関節可動域を維持する

∴ 骨と骨のつなぎ目である関節のはたらき

関節を動かすことで、人間が生活するうえで必要な動作が可能になります。

正常な関節部分の骨の表面には軟骨があり、関節にかかる衝撃を吸収し、関節をなめらかに動かす役目があります。股関節と膝関節は"体重を支えながら動く"という人間の基本的な動作に、重要な役割を果たしています。

図1　関節の構造

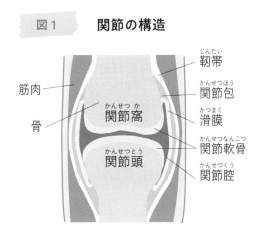

肩、肘、手首の関節

肩関節はあらゆる方向に運動が可能で、可動範囲が広く、腕を動かすことができます。肘や手首の関節は腕や手を動かすというはたらきをします。

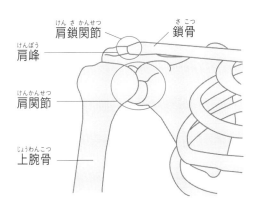

膝、足首の関節

膝や足首の関節が動くことで歩行が可能になります。

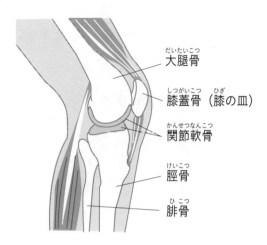

大腿骨
だいたいこつ

膝蓋骨（膝の皿）
しつがいこつ　ひざ

関節軟骨
かんせつなんこつ

脛骨
けいこつ

腓骨
ひこつ

股関節

　股関節は、体重を支える重要な役割を担っています。さらに、体重を支えながら、からだを大きく屈曲させたり、足を前後・左右に広げたり、外側や内側に回すなど、さまざまな動作が可能な関節です。

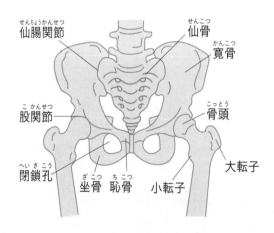

仙腸関節
せんちょうかんせつ

仙骨
せんこつ

寛骨
かんこつ

股関節
こかんせつ

骨頭
こっとう

閉鎖孔
へいさこう

坐骨
ざこつ

恥骨
ちこつ

小転子

大転子

∷ 運動などにかかわる筋肉のはたらき

　運動は骨格筋に付着した筋肉が収縮することで行われます。多くの筋肉がバランスを保ちながらはたらいています。骨格筋は姿勢の保持や運動にはたらく筋肉であり、収縮することで酸素を消費しエネルギーを生み出しています。

肘の曲げ伸ばし

　肘を曲げる筋は上腕二頭筋、伸ばす筋は上腕三頭筋です。

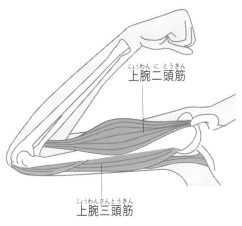

上腕二頭筋

上腕三頭筋

膝の曲げ伸ばし

　膝の曲げ伸ばしには大腿四頭筋（太ももの前側の筋肉）と大腿二頭筋（太ももの後側の筋肉）が活躍します。大腿四頭筋が収縮しないと膝に力を入れることができません。

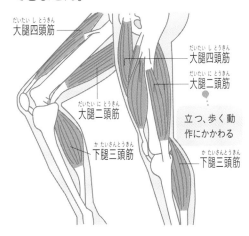

大腿四頭筋

大腿四頭筋

大腿二頭筋

立つ、歩く動作にかかわる

大腿二頭筋

下腿三頭筋

下腿三頭筋

姿勢の保持

　首の位置を保つことができるのは、首の後ろから肩、背中にかけて張っている僧帽筋が収縮しているためです。脊柱起立筋や広背筋が収縮することで、背骨が立ち、姿勢を保持しています。

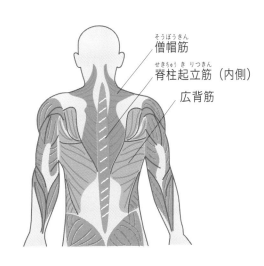

僧帽筋

脊柱起立筋（内側）

広背筋

⁂ からだの動きをコントロールする神経のはたらき

からだの動きをコントロールする神経は、中枢神経と末梢神経に分かれます。

中枢神経

中枢神経とは脳と脊髄です。すべての神経が脳と脊髄につながっています。

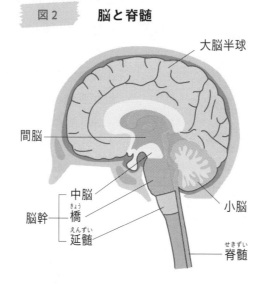

図2 脳と脊髄

大脳半球
間脳
中脳
橋
延髄
脳幹
小脳
脊髄

末梢神経

末梢神経は中枢神経と末梢をつなぐ神経であり、刺激や興奮を伝える役割をします。脳脊髄神経と自律神経に分けられ、脳脊髄神経は脳神経と脊髄神経に分けられます。脳神経は12対あり、頭部や頸部に分布しています。脊髄神経は脊髄の両側に出入りする末梢神経で31対あります。頸神経、胸神経、腰神経、仙骨神経、尾骨神経に分かれ、内臓、筋肉、感覚器に分布しています。

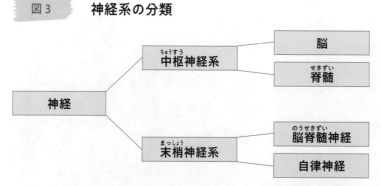

図3 神経系の分類

神経 ─ 中枢神経系 ─ 脳
　　　　　　　　　── 脊髄
　　── 末梢神経系 ─ 脳脊髄神経
　　　　　　　　　── 自律神経

出典：太田貞司・上原千寿子・白井孝子編『介護福祉士実務者研修テキスト 第4巻 こころとからだのしくみ 第2版』中央法規出版、p.82、2020年

筋肉の動きをコントロールするもの

　大脳皮質の運動野から手や足に向かう神経には、意思のとおりに動かす指令を骨格筋に伝える経路（錐体路）と無意識にからだの動きを調節する経路（錐体外路）があります。これらが筋肉の動きをコントロールし、スムーズな動きができるようになっています。

図4　　**筋肉の動きを調節する運動野**

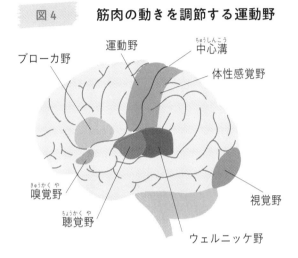

起きて座る

※ 起きて座るしくみ

　人間は寝ている場合には臥位の姿勢をとっていますが、移動を行うためには、まずは臥位の姿勢から座位へと姿勢が変わっていきます。

起き上がるしくみ

●身体をひねって寝返る

　起き上がるためには、まず寝返ることが必要です。寝返り動作のパターンは人によってさまざまですが、共通する特性があります。それは、体幹のねじれる動きのことです。

図5　　　寝返りの動き

右膝を少し立てて、左側へ倒す

右腕を少し上げ、上体を左側へ動かす
※右腕を上げるのが先であったり、右膝と右腕が同時のときもある

頭を少し下げ、左側を向く

●上肢と体幹の力を使う

　側臥位からの起き上がりのときには、上肢と体幹の力（腹筋群）を使用します。

　起き上がる場合は下肢の重みを起き上がりの力に使用します。

　座位姿勢になるためには、股関節が十分に屈曲することが重要です。臥位から座位になる場合、支持基底面が狭くなります。

図6　　　起き上がりの動き

座位を保持するしくみ

　日常生活のさまざまな場面では、安定した状態で座位を保持することが必要です。

●安定した座位の保持

　支持基底面の中に重心があることで安定した座位の保持ができます。正しい座位をとるためには、背筋の筋力が必要です。

　また、足底を床につけて踏むことで脳への刺激量が増加し、立位への動機づけとなります。

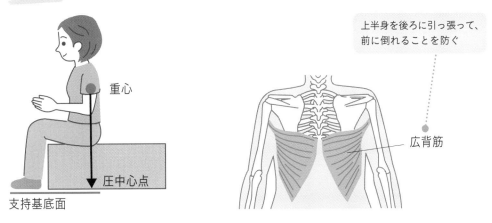

図7　**安定した座位姿勢**

重心

圧中心点

支持基底面

上半身を後ろに引っ張って、
前に倒れることを防ぐ

広背筋

　座位は、坐骨・大腿骨の付け根に重さがのると安定し、骨盤が起きた状態になります。骨盤が寝ていると（傾斜していると）姿勢が安定しません。

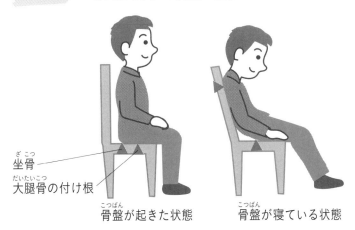

図8　**骨盤が起きた状態の座位**

坐骨

大腿骨の付け根

骨盤が起きた状態

骨盤が寝ている状態

※ からだの変化

骨がもろくなる、関節の形が変化する

　加齢に伴い骨密度が低下し、骨がもろくなっていきます。女性の場合は、更年期になると女性ホルモンが減少するため、著しく骨密度が低下し、骨粗鬆症を起こしやすくなります。また、脊椎の変形によって、前かがみで腰が曲がった姿勢になりやすくなります。

　加齢による関節での変化としては、関節軟骨の変形があります。関節の軟骨が徐々にすり減ってくることで、関節の形や動きが変化する「変形性関節症」を起こしやすくなります。これにより、関節の痛みや、動きに制限が出て、日常の活動性が低下し、さらに関節の動きを悪くします。

筋力の低下

　加齢とともに、筋線維の萎縮が進み、筋肉が伸び縮みする力が低下します。そのため、筋力を発揮できなくなります。栄養状態が悪い場合も筋肉量は減少し、筋萎縮、筋力低下、持久力も低下します。

寝返りの変化

　寝返りを行う場合には大きな力が必要になります。介護を必要とする人には、「麻痺がある」「股関節や膝関節などの関節拘縮、あるいは動かしにくいなどで曲がらない」「筋力が弱っている」などのさまざまな状態が考えられます。

起き上がりの変化

　起き上がるときには、上半身を起こす力が必要になります。上半身を起こす力となるのが、①肩を引く筋肉（三角筋）、②肘を伸ばす筋肉（上腕三頭筋）、おなかの筋肉（腹筋）です。加齢とともにこれらの筋肉量が低下し、起き上がりにくい、起き上がれない状態になる場合があります。

座位の保持の変化

　長時間座っていたり、麻痺がある人は、背筋力の低下やバランスを崩したときに安定した姿勢をとる反応に遅れが生じたりと、からだが不安定になります。そのため、いすから転落してけがをしたり、殿部の一部に圧がかかり、褥瘡ができることもあります。

　また、高齢者やからだの安定性が低い人は、頭や胸、腕の重みをしっかりと支えることができず、骨盤が後ろに倒れて背中が曲がった姿勢になります。

図9　　**高齢者によくみられる姿勢**

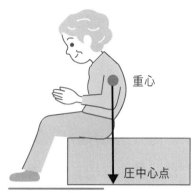

重心

圧中心点

支持基底面

　このような姿勢は、支持基底面の後方に圧中心点が移動し、後方にバランスを崩しやすくなります。

　円背を助長し、股関節や膝、呼吸機能など、からだのさまざまな機能に悪影響を与えます。

✳ ケアのポイント

　寝返(ねがえ)りや起き上がりでは、からだの自然な動きを活用し、本人の自立的な動きを引き出すことが大切です。

寝返り（仰臥位から側臥位）の支援

　例えば右側へ寝返(ねがえ)る場合、重心が右へ移動し、支持基底面が背中全体から右の背面へ移り、最終的に右側面になります。右側に向きやすくするためには、まず支持基底面を狭(せま)くします。そのために頭を浮(う)かす、胸の上で腕(うで)を組む、膝(ひざ)を曲げるなどの方法があります。

　次に重心を右側に移すために、頭を右側に向ける、腕(うで)や足を右側に回す、倒(たお)すなどの方法があります。全部を介助(かいじょ)する必要はなく、支持基底面を狭(せま)くする方法や重心を移す方法を言葉で誘導(ゆうどう)したりして、少しの介助(かいじょ)で行います。

起き上がり（側臥位から座位）の支援

　寝返るときの腕(うで)の位置によって、起き上がるときの支持基底面が変化します。横に寝返(ねがえ)り、腕(うで)の力を利用して起き上がるときの支持基底面は肘(ひじ)から手先までが接触(せっしょく)している部分と、横向きになったときの身体および下半身がベッドと接触(せっしょく)している部分です。

　頭を持ち上げたときに支持基底面内に重心を落とすことができます。支持基底面内に重心を落としながら、上体を大きな弧を描(えが)くようにして起き上がると、少ない腕(うで)の力で起き上がることができます。

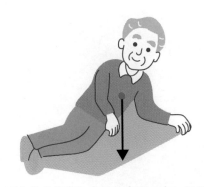

圧中心点が常に支持基底面の内にある

座位を保持する支援

　座っている姿勢のとき重心は胸のあたりにあります。支持基底面は足底から大腿部の下面、坐骨からつくられます。圧中心点は支持基底面の後方にあります。からだを前に倒すと、圧中心点が支持基底面の前方に移動し、立ち上がり動作に移りやすくなります。

　背筋を伸ばして座位を続けることは疲れます。背もたれのあるいすなどに座るとリラックスして座ることができます。

図 10　**座位の保持の方法**

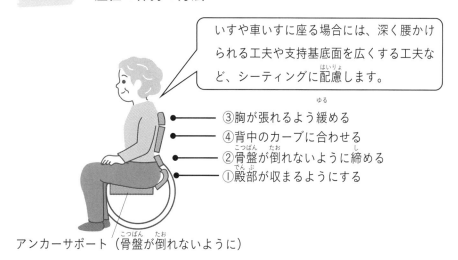

いすや車いすに座る場合には、深く腰かけられる工夫や支持基底面を広くする工夫など、シーティングに配慮します。

③胸が張れるよう緩める
④背中のカーブに合わせる
②骨盤が倒れないように締める
①殿部が収まるようにする

アンカーサポート（骨盤が倒れないように）

シーティング

　長時間座位を続ける利用者の心身機能や生活状況を考慮し、良好な座位姿勢が確保できるように、車いすやいすなどを調整することです。利用者の状況により、さまざまな調整が必要となります。

立って歩く

✳ 立って歩くしくみ

　移動を行うために臥位の姿勢から座位へと姿勢が変わった後、立位の姿勢となります。そして、歩行へとつながっていきます。

立ち上がるしくみ

　座位姿勢では、重心は胸のあたりにあります。立ち上がるためには、圧中心点を足部に移動する必要があります。

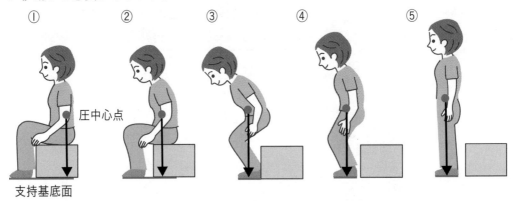

① 　かかとを引くことで圧中心点が足部に近づく。
② 　前かがみになることで重心が前方に移動し、足部に圧中心点が移動する。
③ 　足部に圧中心点をのせた状態で、殿部を浮かせる。前方に移動している重心が、支持基底面から出ないようにする。
④ 　殿部を浮かせてバランスがとれた状態で、上体を起こしながら、下半身の力を利用して重心を上方向に移動する。
⑤ 　この後、安定した立位をとる。立ち上がりでは、狭くなる支持基底面に圧中心点を置きながら、重心の位置を高くする。

　立ち上がり動作の後の段階では、膝を伸ばす動作が必要です。からだのバランスを保ちながら膝を伸ばすことで、立ち上がることができます。
　特に大腿四頭筋（太ももの前側の筋肉）の力と関節の動きが大切です。大腿四頭筋は足を上げる、しゃがむ、歩くなどの動作に必要な筋肉です。この筋肉の力が弱くなると、日常生活動作に大きな影響を与えます。

抗重力筋

　抗重力筋とは、地球の重力に対して立位や座位などの姿勢を保持する筋肉のことです。運動などからだを動かしているときにはたらくわけではなく、無意識に姿勢を保持しているときにはたらいている筋肉です。つまり、重力と抗重力筋とが均等に釣り合っていることを意味します。

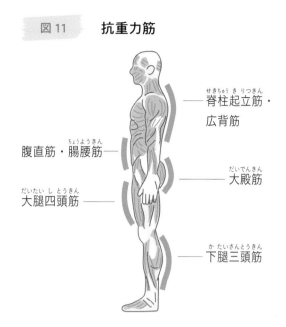

図11　抗重力筋

脊柱起立筋・広背筋
腹直筋・腸腰筋
大殿筋
大腿四頭筋
下腿三頭筋

立位を保持するしくみ

　立位では重心が骨盤の位置にあり、前から見ると重心線がからだの中心を通ります。横から見ると、重心線は耳、肩、股関節、膝関節後方、足関節前方を通って、足部がつくる支持基底面に落ちます。立っている姿勢で大切なことは、支持基底面の圧中心点が安定していることです。膝が曲がっていたり、円背の場合には不安定になります。

　また、立っている姿勢で最も圧を受けるのは、足の裏です。足裏には衝撃を吸収するための「土踏まず」があります。加齢や偏平足により、衝撃吸収力が低下すると、膝や股関節の痛みや変形につながります。

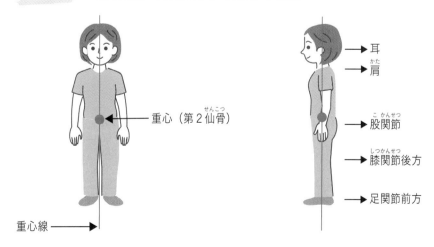

図12　前と横から見たときの重心の位置

重心（第2仙骨）
重心線

耳
肩
股関節
膝関節後方
足関節前方

歩くしくみ

　立っている姿勢から歩行するためには、上半身を曲げる、手を振る、かかとを浮かせるなどにより、圧中心点を支持基底面の前方に移動させます。

　歩行は左右の足が交互に、または同時に地面に接します。右足が浮くと圧中心点は左足に移動するため、片足立ちになります。そのときに、狭い支持基底面の中に圧中心点を置く必要があります。次に右足を地面につけることで、新しい支持基底面が生まれます。圧中心点が右足のかかとから足部を通り、次に左足に移動する繰り返しが歩行です。

図 13	**歩行の流れ**

①歩行の開始：
圧中心点が支持基底面の前方に移動する

②右足を前に出す：
右足が浮くと圧中心点が左足に移動する

③右足で支える：
右足をつくことにより新しい支持基底面が生まれる

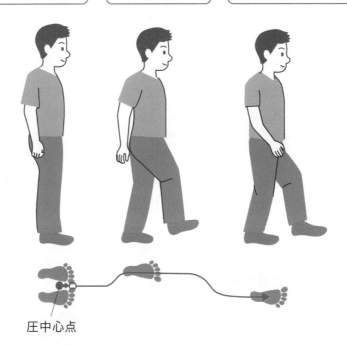

圧中心点

杖歩行のしくみ

　筋力低下や痛み、片麻痺があると、圧中心点が健側（麻痺のない側）の足側に偏り、患側にうまく移動できず、からだを支えることができません。からだを支えるためには歩行器や杖などを利用して、支持基底面を広げる必要があります。

　一本杖を使用する場合には、杖は健側の手で持ちます。それは、健側の足を前に出すときには、患側の足と杖でつくられる支持基底面の中に圧中心点があるからです。健側の手で杖を持つことで、支持基底面が広くなり安定感が増します。さらには、左右に広い支持基底面となるため、筋力や痛みに応じて圧中心点の位置を調節しやすいです。

図14 よい側に杖をついたとき

（片足の状態）

（両足が地面についた状態）

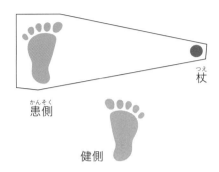

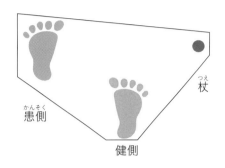

図15 悪い側に杖をついたとき

（片足の状態）

（両足が地面についた状態）

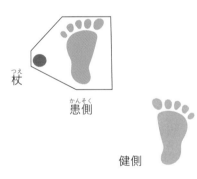

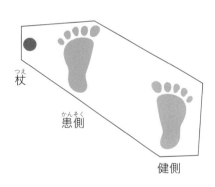

❊ からだの変化

サルコペニアとフレイルの関係

サルコペニアとは、加齢や疾病により骨格筋量の減少と骨格筋力の低下が起こることをいいます。筋肉量の減少は、上肢や体幹部に比べると下肢によくみられ、85歳以上では18～24歳の成人の約65%まで減少するといわれています。また、年齢が高くなるほど、サルコペニアになる人が増加し80歳以上では約半数にのぼります。

フレイルとは、加齢により身体の予備能力が低下し、健康障害を起こしやすくなった状態で、「虚弱」のことを示します。サルコペニアがフレイルにつながるなど、お互いに関連し合っています。

図16　フレイルサイクル

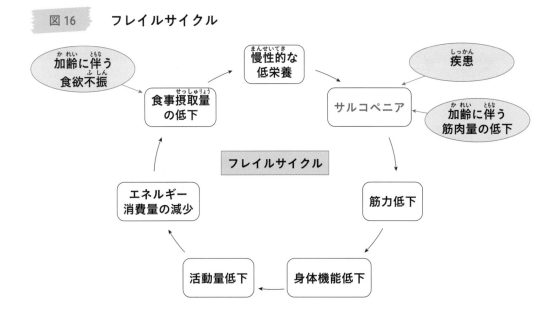

立位姿勢の崩れ

立っている姿勢を保つためには、抗重力筋の機能が重要です。この筋肉が脳や脊髄の指令を受けて、支持基底面内に重心を置いています。しかし、立っている姿勢が崩れはじめると、支持基底面内に重心を置くためにさまざまな動きがみられます。

例えば背中が曲がってくる変化が起きると、圧中心点が支持基底面から前方へ移動するため、膝を曲げる、腕を後ろで組むなどをして、重心を後ろに戻してバランスをとるようになります。このような状況に対して介護職は、立っている姿勢が崩れてきていると認識することが大切です。

図17　　立位姿勢の変化

重心

重心線 ——➤

安定している　　　　　　姿勢の変化が起き始める　　　　姿勢の変化が起きた姿勢

歩行能力の低下

　歩行能力（特に歩行速度）は筋力や体力とも関連が強く、からだ全体をうまく動かす力の指標になります。

高齢者の歩行の特徴

①　歩行速度の減少
②　歩幅の短縮
③　歩隔の増大（両足を左右に広げた状態）
④　すり足（つま先が上がらない）：股関節・膝関節・足関節の運動域の減少
⑤　腕の振りの減少：肘関節の運動域の減少
⑥　前傾姿勢となり、目線が下になる
⑦　不安定な方向転換

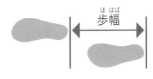

歩幅

歩隔

転倒しやすい

　高齢者はすり足歩行になりやすいため、ちょっとした段差でもつまずきやすく、バランスを保つ能力の低下が転倒につながります。また、膝関節症などの疾患や筋力低下による運動量の減少から運動機能の低下を生じさせやすいです。

　さらに、感覚機能の低下により身を守ろうという防衛反応が遅れたり、倒れそうになっても瞬時に対応できないなど、さまざまな要因が転倒にからんでいます。

図 18　**歩行姿勢の比較**

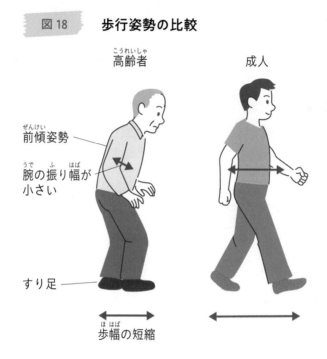

高齢者　　　　　　　　成人

前傾姿勢

腕の振り幅が
小さい

すり足

歩幅の短縮

※ ケアのポイント

　ベッドから車いすへの移乗や、トイレでのズボンや下着の上げ下ろしの際には、立ち上がり動作を行います。日常生活では、立ち上がりは頻繁に行われる動作であるため十分理解しておく必要があります。

立ち上がりの支援

　立ち上がるしくみを理解したうえで支援します。立ち上がり動作が困難な人を介助するときは、その人の動作の不足している部分を介助します。立ち上がりに必要な大殿筋や大腿四頭筋の力が不十分なときには、筋力を補うために骨盤などを支えて介助します。また、立ち上がる際に座面や肘置きを押す、手すりを握るなど腕の力も活用してもらうようにします。

　介助する場合は、力の方向を考慮します。立ち上がる際には、重心を前方に移動するため、介護職は高齢者の前に立たないようにします。

図19　立ち上がりの支援

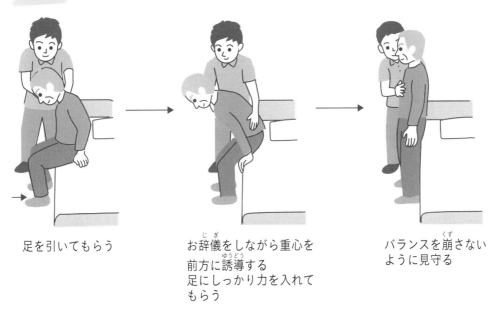

足を引いてもらう

お辞儀をしながら重心を前方に誘導する
足にしっかり力を入れてもらう

バランスを崩さないように見守る

安定した立位

　立っている姿勢で大切なことは、支持基底面の圧中心点が安定していることです。膝が曲がっていたり、背中が丸くなっていると立位姿勢が不安定になります。背中や膝を伸ばしてもらうように声かけすることが必要です。

歩行の支援

　歩行介助の際、介護職が密着しすぎると、高齢者が歩行する際の体重移動がうまくいかず、かえって歩きづらくなります。また、前に立つと歩行の妨げになってしまいます。介護職は高齢者に近づきすぎず「斜め後方」に立って歩行介助するのが基本です。高齢者が右利きなら「左側の後方」に立ちます。

　また、麻痺がある人の場合は、麻痺のある側の後方に、杖を使う人であれば、杖を持っていない側の後方に立ち歩行介助を行います。心身の状態は人それぞれ異なるため、その人の歩き方の特徴を理解し、その歩き方に合わせた歩行介助が必要です。

安定した歩行のためのポイント

① 目標を進行方向に定めて視野を広くもつ
② 歩幅を少し広めにとる
③ 着地はかかとから行う
④ 踏み出した足は後ろに強く蹴る
⑤ 背筋を伸ばして視線は前方に向ける

転倒予防

　高齢者は転倒を起こしやすい状態であることを踏まえて、転倒予防に取り組むことが重要です。

　高齢者にとって転倒するということは、心身への影響が大きい出来事であり、最大の問題は骨折や外傷です。足のつけ根や股関節にあたる大腿骨近位部の骨折は、長期にわたる治療、痛みや安静臥床（活動などをせず安静にしていること）による活動性の低下から寝たきりに移行しやすいといえます。

転倒の要因

　高齢者の転倒の要因は、内的要因と外的要因に分けられます（表1、表2）。

　内的要因は加齢による機能低下や疾患などがあります。高齢者は運動機能に影響する疾患を有することが多く、完治が難しいといえます。さらにさまざまな薬物を服用している場合が多く、ふらつきやめまいなどの副作用を起こすものがあります。薬を服用している際は注意が必要です。

表1 内的要因

加齢変化	・筋力の低下、関節可動域の縮小 ・姿勢反射の低下 ・視力低下や視野狭窄 ・平衡機能の低下、身体の活動性の低下
運動機能に影響する疾患	・循環器系（虚血性心疾患、起立性低血圧、脳血管疾患など） ・神経系（パーキンソン症候群、運動失調症など） ・筋骨格系（関節リウマチ、変形性関節症、脊柱管狭窄症など） ・感覚器系（白内障、緑内障、加齢性難聴など）
認知症に関連した要因	・身体機能に対する正しい自己認識ができない ・障害物を認識できない、どう行動すればよいかわからない ・不安定な歩行、不穏・興奮状態での激しい動き
薬物による影響	・眠気やふらつき（睡眠薬、抗不安薬、抗アレルギー薬など） ・失神やめまい（降圧薬、血糖降下薬など） ・起立性低血圧（抗うつ薬、降圧薬、排尿障害治療薬など） ・せん妄状態（睡眠薬、抗不安薬、抗うつ薬、パーキンソン病治療薬など）

表2 外的要因

物理的環境（屋内）	・段差（戸口の段差、敷居など） ・床（滑りやすい、濡れた床、電気器具のコード類、絨毯など） ・照明（暗い照明、不適切な照明など） ・ベッド（適切でない高さ、手すりの不備や調節不良など） ・障害物（固定が不十分な家具、可動式家具、通路の障害物など） ・風呂（滑りやすい風呂場、手すりの不備や調節不良など）
物理的環境（屋外）	・歩道（道路の凸凹、障害物、段差など） ・庭や敷地内（障害物、段差、下草など）
歩行補助具や転倒防止設備に関するもの	・歩行補助具（歩行器や車いすの調節不良、不適切な使用方法など） ・転倒防止設備（抑制具、ベッド柵など）
高齢者自身に関するもの	・履き物（脱げやすいスリッパ、サイズが合わない、滑りやすいなど） ・服装（すそが長いズボンなど）

外的要因は主に物理的環境面（かんきょうめん）からみた要因であり、歩行補助具の不具合や調整不良、転倒（てんとう）防止設備の不適切な使い方、高齢者（こうれいしゃ）自身の履（は）き物（もの）や服装なども転倒（てんとう）のリスクを高めます。これらは転倒（てんとう）予防の視点から点検することで改善できるものが多いため、加齢（かれい）に伴（ともな）う心身の変化を踏（ふ）まえて、安全な環境（かんきょう）づくりを行うことが重要です。転倒（てんとう）にはさまざまな要因が関連しているため、個別的なケアが求められます。

◉**参考文献**

● 真田弘美・正木治恵編『老年看護学技術——最後までその人らしく生きることを支援する 改訂第2版（看護学テキスト NiCE）』南江堂，2016年
● 北川公子ほか『系統看護学講座 専門分野Ⅱ 老年看護学 第9版』医学書院，2018年
● 介護福祉士養成講座編集委員会編『最新 介護福祉士養成講座11 こころとからだのしくみ』中央法規出版，2019年
● 白井孝子監，秋山昌江ほか編著『介護職員初任者研修テキスト 第2巻 自立に向けた介護』学研ココファンスタッフ，2019年
● 小島照子・藤原奈佳子編『看護系標準教科書 基礎看護学 技術編』オーム社，2007年
● 介護福祉士養成講座編集委員会編『最新 介護福祉士養成講座6 生活支援技術Ⅰ』中央法規出版，2019年
● 小板橋喜久代・松田たみ子編『最新介護福祉全書12 第3版 こころとからだのしくみ』メヂカルフレンド社，2013年
● 介護福祉士養成講座編集委員会編『最新 介護福祉士養成講座12 発達と老化の理解』中央法規出版，2019年
● 野尻晋一・大久保智明『基礎から学ぶ介護シリーズ リハビリ介護入門——自立に向けた介護技術と環境整備』中央法規出版，2009年

4

食べる

4. 食べる

「食べる」しくみ

　人にとって食べるという行為は、生きるために欠かすことはできません。それは、人は食べる行為によって、大切な栄養素や水分をからだの中に取り入れ、エネルギー源や体内の水分を調整し、生命と健康を維持し、成長し発達しているからです。マズロー（Maslow, A. H.）は、食事は人間の基本的欲求の１つであるとしています。

　また、人はただ食べて栄養をとるという行為だけでなく、食べる楽しみ、おいしく食べたいということも求めています。食習慣による嗜好、視覚や嗅覚、味覚というからだのしくみにより、食べることを楽しむことができています。そのことが、生活のなかの楽しみにつながっています。

「食べる」の３つのミッション

❶ **生理的意義**：生命維持・健康の維持・生活リズムの維持

❷ **心理的意義**：食欲が満たされ、生活意欲の向上につながる

❸ **社会的意義**：人間関係を形成するための、コミュニケーションの場になる

::: 摂食・嚥下のはたらき

「食べる」行為と、食べた後に行われる消化し吸収するというはたらきは、一連の流れで行われますが、ここでは食べるから飲み込むまでを、理解していきましょう。

食べる行為は、**摂食・嚥下の5分類**として次の段階に分類されます。

視覚で食べ物をとらえる（先行期（認知期）

視覚でとらえた食べ物の色や形、においの情報は、脳に伝えられ、記憶と照合され「おいしそう」と感じれば摂食中枢を刺激し食欲がわきます。反対に「嫌いだな」と感じれば満腹中枢が刺激され、食欲は低下します。

食べ物をかみながら味わう（準備期（咀嚼期））

口の中に食べ物を取り入れます。その際、口を動かす力や姿勢などが大切となります。

口の中に入れた食べ物は歯を使ってかみます。かんだものは、口の中で舌の動きや唾液により飲み込みやすい形（食塊）にまとめられます。

かみながら味わうことができるのは、かむことで舌にある味蕾が味覚としての情報を脳に送っているからです。

飲み込む（口腔期、咽頭期、食道期）

食塊が形成されたら、口腔、咽頭、食道を通って飲み込んでいきます。

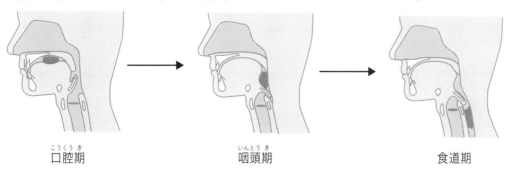

口腔期 → 咽頭期 → 食道期

食べ物を認識する

❄ 食べ物を認識するときのからだのしくみ

食べたいと感じるしくみ

　人は空腹を感じると「食べたい」という空腹感が生まれます。食事をとった後には、満腹感を感じ、それ以上は食事をとらなくなります。この空腹感や満腹感には、脳や神経、消化管が関係しています。食欲とは、食べ物を求める意欲的な感覚です。食べ物を認識するとき、どのようなからだのしくみが関係しているのかみてみましょう。

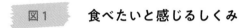
図1　　　**食べたいと感じるしくみ**

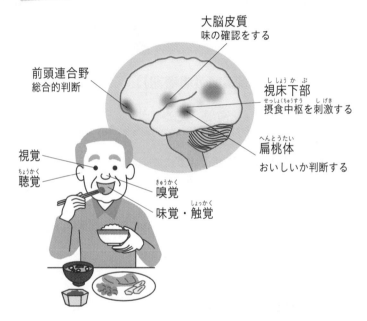

大脳皮質
味の確認をする

前頭連合野
総合的判断

視床下部（ししょうかぶ）
摂食中枢（せっしょくちゅうすう）を刺激（しげき）する

扁桃体（へんとうたい）
おいしいか判断する

視覚
聴覚（ちょうかく）

嗅覚（きゅうかく）
味覚・触覚（みかく・しょっかく）

● **視床下部**

　空腹感や満腹感には視床下部（ししょうかぶ）がかかわっています。**視床下部（ししょうかぶ）**とは、間脳の一部で容積は脳全体の１％に満たない小さな部分ですが、体内の活動の調節を行うという重要な役割をもつ部分です。視床下部（ししょうかぶ）には、摂食中枢（せっしょくちゅうすう）があり、血糖値の変化を感知し空腹感や満腹感を感じています。

● **血糖値**

　血糖値とは、血液中のブドウ糖（のうど）の濃度のことをいいます。食事の後、血糖値は上昇（じょうしょう）しますが、その後は徐々（じょじょ）に低下していきます。血糖値が 70 〜 110 mg/dL になると視床下部（ししょうかぶ）にある摂食中枢（せっしょくちゅうすう）が反応し空腹感を感じます。食後血糖値が空腹時血糖の約２倍になると満腹感が生じ、食欲が低下します。

● 胃壁の伸縮

　胃に食べ物が入り、胃壁が伸びると、自律神経である副交感神経が反応し満腹中枢が刺激されます。胃の食べ物が消化により腸に送られると胃壁が縮み、自律神経である交感神経が反応し空腹感を感じます。

図2　胃の動き

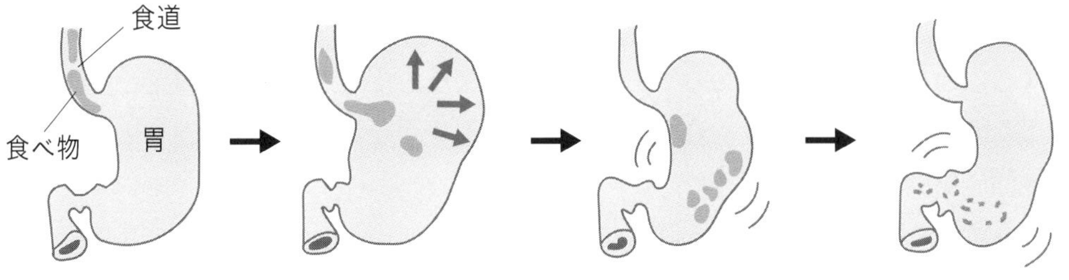

胃に食べ物が
入る

胃壁が伸びる

蠕動運動により食べ物
が消化される

消化した食べ物を腸に
送る

　空腹感のときだけでなく、おいしそうな食べ物や、自分の好きな食べ物を見たときなども食欲を感じます。これには、五感と食習慣としての記憶が関係しています。

※ からだの変化

　加齢（かれい）に伴（ともな）い、食欲は低下しやすくなります。その原因には、主に次のようなことがあります。

脳の機能低下

　認知症などにより、脳の機能が低下することで食習慣から得られた記憶（きおく）が低下し、好きな食べ物や飲み物を忘れてしまったりします。また、食べ物を認知できなくなったり、食事することを忘れてしまったりすることなどにより、食欲の低下、食事量が少なくなるなどの変化につながります。さらに、意欲の低下や周辺環境（かんきょう）の変化が、食欲を低下させる原因にもなります。

　事故や脳の病気により脳の機能が著しく損傷を受けた**高次脳機能障害**がある場合、集中力などが乏（とぼ）しくなり、食事動作の遅延（ちえん）や停止、誤嚥（ごえん）などを起こしやすくなります。

　また、脳の障害により、**半側空間無視**の場合は、見えてはいるが脳が認知していない状態なので、損傷した大脳半球の反対側にある食事に気づくことができずに、食事を摂取（せっしゅ）することができない状態になります。

視力の低下

　加齢（かれい）に伴（ともな）い生じる視力低下の原因には、**老眼**があります。老眼は、近い距離（きょり）の焦点（しょうてん）が合いにくくなることで、手元の細かい文字や、物を見ることが難しくなる状態です。手元にあるメニューの文字が見えなかったりします。

図3　　老眼のしくみ

角膜（かくまく）
水晶体（すいしょうたい）

老眼の場合

近くを見る時
水晶体（すいしょうたい）が
厚くならない

➡

網膜（もうまく）に
焦点（しょうてん）が
合わない

近くが
ぼやける

遠くを見る場合　　近くを見る場合

加齢に伴い生じることの多い視力低下の原因に、**白内障**があります。白内障は水晶体の混濁により生じる疾患です。水晶体が混濁することで、色覚に変化が生じます。そのため、食べ物の色が、黄色みがかって見えたりし、食べ物の色彩がわかりにくくなります。

　白色と黄色、青色と緑色などの色の区別もつきにくくなります。食器の色と食べ物の色の区別がつかないために、食べ物を残してしまうことがあります。赤色や橙色は区別のつきやすい色とされています。

図4　**白内障のしくみ**

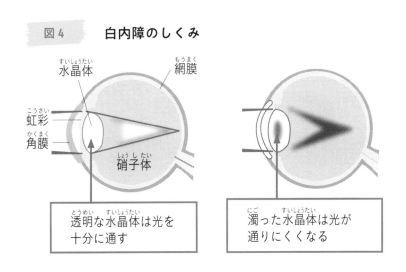

水晶体
網膜
虹彩
角膜
硝子体

透明な水晶体は光を十分に通す

濁った水晶体は光が通りにくくなる

図5　**白内障ではない人と、白内障で視力低下がある人の見え方**

嗅覚の低下

　嗅覚も加齢に伴い低下するとされています。嗅覚は、鼻腔内の嗅細胞の先端にある嗅繊毛でにおいの刺激が電気信号に変わり、大脳皮質の嗅覚中枢に伝わります。嗅覚が低下する原因は、鼻にある嗅細胞の減少とされています。ごはんの炊けるにおいが食欲をそそることがありますが、嗅覚が低下することで、食事のにおいを感じにくくなり、食欲が低下することがあります。腐敗したにおいなどもわからなくなるため、生活のなかでの安全が確保できなくなります。

図6　においを感じるしくみ

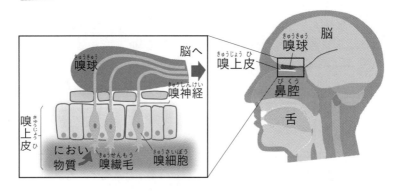

聴覚の低下

　聴覚も加齢に伴い低下します。内耳の変化により、聞こえにくい、音がゆがむなどが生じます。特に高音域での聴力低下が著しくなります。調理の際の音を聞くことで、食欲につながるという関係性にも影響を与えます。

図7　耳の構造

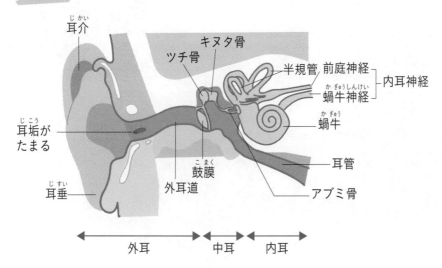

❋ ケアのポイント

脳の機能低下への対応

　認知症などで脳の機能低下がある場合、食べる行為を忘れてしまい、自分からは食事を口にしない、食べたことを忘れて何度も食事を食べたいと言う、という場面があります。介護職は、利用者それぞれの状態や状況を確認し、その人に合った介護をすることが必要になります。その際に、介護職は医療職と連携することも必要です。病気による症状や状態の変化がなぜ生じているのかは、まず共有するべき項目となります。なかには、病気の治療のための服薬が食欲に影響している場合もあります。

　そのうえで介護職は、利用者の「できる」能力に着目したケアを考えます。次に、生活に支障をきたしている部分を支援します。利用者それぞれの状態を把握し、意欲にはたらきかけたり、環境を整備したりして食事を支援します。

むせてしまう

食べ方がわからなくなってしまう

うまく動かせず食べにくくなる

勢いよく食べてしまう

半側空間無視への対応

　食器の位置を見やすい位置にしたり、声をかけて認識できていないほうの食事内容に意識を向けるようにします。右の脳に支障がある左片麻痺の場合、半側空間無視がみられやすくなります。利用者ごとの半側空間無視の程度を知り、過剰な介護になりすぎないような注意も必要になります。利用者の状態を把握することで、利用者の意欲を向上させる介護につながります。

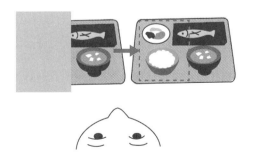

感覚低下への対応

　食事は視覚、聴覚、嗅覚を活用することで、食欲につながります。視力低下の主な原因である白内障は、手術により視力が改善されます。現在、白内障の手術は日帰りから入院と利用者の状態に合わせて選択できるようになっています。このような情報を、高齢者は知らない場合もあります。そのため、感覚機能の低下がある場合には、医療職と連携し、その原因を確認し、適切な医療につなげるようにします。こうしたことが、生活の維持・向上に必要であると意識しておくことが必要になります。

　感覚低下の原因は、加齢に伴うものが多いですが、介護職はその機能低下を補完する眼鏡、補聴器の使用を意識することも必要になります。

●視覚低下への対応

　視力の維持は利用者の生活の質を維持・向上させます。しかし、高齢者の場合、視力低下を歳だからとあきらめていたりします。そのため、治療すれば視力を改善できるのに、適切な医療を受けていない場合もあります。介護職は、支援するなかで利用者の生活の不具合を確認したりできるので、適切な医療につなげる役割もあることを忘れてはいけません。脳の病気が視力低下の原因となることもあるため、急な視力低下がみられた場合には、医療職に報告する必要があります。

　介護職は、利用者がどのように見えているのか、見えていないのか、利用者に聞くことから始め、支援の方向性を考えていくことが必要になります。例えば、近いものが見えにくく、眼鏡を使用すれば見えやすくなる利用者の場合には、眼鏡の使用を忘れないようにすることで、自分で「つまむ」という細かな動作ができたりします。

　白内障がある場合、食器の色と食材の色が同じだとわかりにくくなってしまうため、食器の色を変えるなどの工夫をすることが食欲低下の予防につながります。

●**聴覚低下への対応**

聴覚低下への対応は、利用者それぞれの状態に合わせて考えていくことが必要です。補聴器の使用で、聴覚の低下を補完できますが、高齢者の場合、補聴器の使用がうまくできずに、使用をあきらめていることもあります。介護職はうまく使用できるまで、支援していくことも必要になります。聴こえの回復は、調理で出る音が聞こえ、食欲を向上させることにつながります。

補聴器等の使用では改善できない聴覚の低下がある利用者には、食事環境を整える、または変えてみるということも有効です。例えば、一緒に調理をすることで、聴こえは低下していても、食事の楽しさを再現できたりします。また、親しい人と食卓を囲むなど環境を整備することで、食事が楽しいという状況をつくることができます。食欲を維持できるように、好きなものを献立に入れるなど栄養士と相談するようにしましょう。

聴覚機能が急速に低下した場合には、脳の病気が原因の場合もあります。また、耳垢塞栓により聞こえが低下する場合もあるため、定期的に耳の観察を行うことも必要です。耳垢塞栓がみられた場合には、医療職に報告し、医師が耳垢を除去します。

| 図8 | **補聴器の種類** |

| 耳あな型 | 耳かけ型 | ポケット型 |

| 耳の穴に入れるタイプ | 耳の後ろにかけるタイプ | ポケットやカバンに入れるタイプ |

●**嗅覚低下への対応**

食事のにおいは、食欲を増すためにも重要な要素になります。そのため、においがしないことで、食欲が刺激されず、食欲が低下する場合もあります。なぜ嗅覚が低下しているかの原因を、医療職と連携し確認しておくことが必要になります。

嗅覚が回復しない場合には、視覚や食事場面の環境を整備するなど、楽しく食事ができる工夫をすることが必要になります。

食べ物を取り入れる

❄ 食べ物を取り入れるときのからだのしくみ

　食べ物を取り入れるときには、視覚や嗅覚（きゅうかく）の情報を脳が感知し、食べ物を口に運ぶ、口を開けるという動作を行います。熱いか、冷たいか、一口で食べられるかなどの情報を判断することも行われています。この行動は乳幼児のときからの積み重ねで、意識せずに行われています。

唇（くちびる）のはたらき

　唇（くちびる）は皮膚（ひふ）と粘膜（ねんまく）の間の器官で、毛細血管に流れる血液の色で赤く見えます。からだの状態が悪くなると色の変化がわかりやすい部位でもあります。
　唇（くちびる）は基本的には閉じていて、必要に応じて開かれます。唇（くちびる）を動かすのは、唇の周囲を丸く取り囲む筋肉である**口輪筋**です。唇（くちびる）を閉じる、唇（くちびる）を前に突き出す、唇（くちびる）を動かすはたらきがあります。

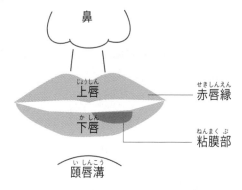

　鼻

上唇（じょうしん） ──── 赤唇縁（せきしんえん）

下唇（かしん） ──── 粘膜部（ねんまくぶ）

頤唇溝（いしんこう）

【唇の主なはたらき】
・唇（くちびる）と頬（ほお）の筋肉はつながっていて、連動して動くようになっています。
・口唇（こうしん）には言葉を発する、呼吸するというはたらきがあります。
・唇（くちびる）は上下１つずつあり、区別する場合は、上唇（じょうしん）・下唇（かしん）となります。
・食べ物を摂取し、こぼさず飲み込む（のこ）ために口を動かすはたらきをします。
・唇（くちびる）をしっかり閉じることで、食べ物を口の中に入れておくことができます。

その他の唇（くちびる）のはたらき

●**冷ます**
　熱い食べ物を食べるとき、息を吹き（ふ）かけて冷まして食べます。

●**吸う**
　汁物（しるもの）や麺類（めんるい）などを食べるとき、唇（くちびる）をとがらせてすすります。

●**受け取る**
　箸（はし）でつかんだ食べ物を挟み（はさ）、その後、口の中に入れます。

※ からだの変化

口のまわりの筋力低下

　食事を口から長期間食べないでいると、唇を動かすことが少なくなります。唇を動かす口輪筋は、意識して動かすことが少なく、加齢とともに衰えてくるといわれています。年を重ねると口角が下がるのもそのためであるとされています。口輪筋は表情筋に属する筋肉で、顔面神経の支配を受けています。筋肉は、動かさないでいると、筋力が衰えます。反対に動かすことを意識していれば、筋力は向上します。

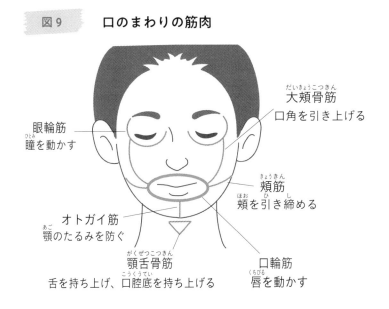

図9　　口のまわりの筋肉

大頬骨筋
口角を引き上げる

眼輪筋
瞳を動かす

頬筋
頬を引き締める

オトガイ筋
顎のたるみを防ぐ

顎舌骨筋
舌を持ち上げ、口腔底を持ち上げる

口輪筋
唇を動かす

食べにくさを感じる

　麻痺がある利用者の場合、口唇が動かしにくくなることで食べにくさを感じます。例えば、脳血管障害のある人では、神経に麻痺が生じていることがあります。脳血管障害で口腔周辺をつかさどる神経に支障が生じると、唇を閉じることができなくなります。そのため、唾液が唇から流れてしまう、食べたものを取りこぼしてしまうなどの変化がみられます。

※ ケアのポイント

食べやすいように用具を工夫する

　麻痺があり、唇が動かしにくくなっている利用者には、薄くて平らな形状のスプーンを使うと口に入りやすく、食べやすくなります。また、利用者の口からこぼれてしまった場合は、こまめに汚れを拭きます。同じ方向に拭いても汚れが移動しただけになるので、両側から拭きます。

食べる量を工夫する

　誤嚥につながらないように、一度に食べる量を少なめにします。麻痺があることで食べるペースにも違いがでます。介護職は言葉をかけるだけでなく、箸やスプーンを一緒に近づけ、利用者が食べやすい位置にもっていくようにします。

唇を鍛える

　唇を閉じる力をつける訓練として、自分でできる場合と、介護職が行う場合があります。

● **自分でできる場合①**

・細長いスティックを唇でくわえる

・保持する時間を少しずつ長くしていく

● **自分でできる場合②**

・「イー」（唇を横にひく）、「ウー」（唇をすぼめる）
　の動きを5回ずつ繰り返す

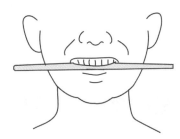

食べ物を味わってかむ

✳ 食べ物を味わってかむときのからだのしくみ

味わう

●舌のはたらき

　舌には、味覚を感じる感覚器のはたらきと、食べ物を唾液と混ぜ奥に運ぶはたらきがあります。言葉を発するときにも舌を動かし音を変化させます。

　舌の動きやはたらきには、脳神経である舌咽神経（知覚などにかかわる）、舌下神経（舌の動きにかかわる）、迷走神経（副交感神経にかかわる）が関係しています。

・かむとき：舌の根元が盛り上がり（点線で囲った丸の部分）、食べ物を喉に送らないようにし、口腔内の筋肉のはたらきと連動し、歯で咀嚼するのを助ける。
・飲み込むとき：かんで、食べ物を飲み込みやすい塊（食塊）にし、喉の奥に運ぶ。

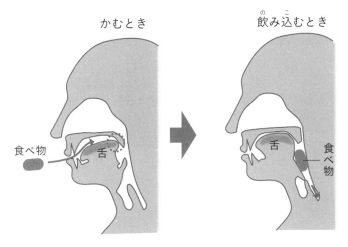

かむとき　　　　　　　　　　　飲み込むとき

食べ物　　　　舌　　　　　　　　舌　　食べ物

●舌の構造

　舌は粘膜に覆われた筋肉組織です。舌は成人で7〜9cmくらいの長さがあります。正常な状態の色はピンク色をしています。

　舌を出したときの前部分3分の2の表面にある舌乳頭と味蕾は、味覚を感じる受容器です。食べ物を口に入れると、歯で咀嚼され、唾液と混ぜ合わされ、食べ物の成分が味蕾に触れ、その刺激が神経に送られ味覚を感じます。味覚は嗅覚とも関連しています（味蕾は咽頭粘膜にも分布しています）。

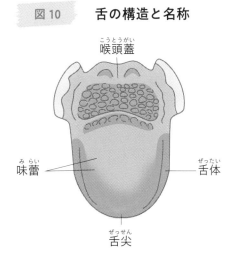

図10　舌の構造と名称

喉頭蓋

味蕾　　　　　　　　　舌体

舌尖

かむ

●歯のはたらき

歯は、食べ物を切る、刻む、すりつぶす、唾液と混ぜて固形物をドロドロの様態にします。さらに、歯は発音にも関係しています。歯を失いすき間ができると、発音が聞き取りにくくなったりします（p.44 参照）。

歯冠部、歯頸部、歯根部は歯の名称ですが、加齢に伴い歯冠部が摩耗し歯が短くなります。疾患や障害があることでかむことが少なくなり歯肉が衰退し、歯頸部が露出してくるという状況がみられます。歯冠部が失われ、歯根部のみが残った状態を残根状態といいます。

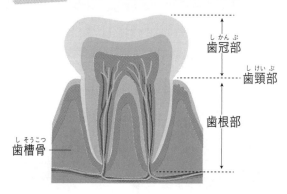

図 11　　**歯に関係する部分の名称**

歯冠部
歯頸部
歯根部
歯槽骨

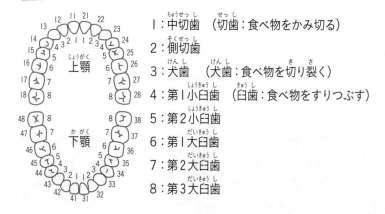

図 12　　**歯の名称**

1：中切歯　（切歯：食べ物をかみ切る）

2：側切歯

3：犬歯　（犬歯：食べ物を切り裂く）

4：第1小臼歯　（臼歯：食べ物をすりつぶす）

5：第2小臼歯

6：第1大臼歯

7：第2大臼歯

8：第3大臼歯

● かむための筋肉

図 13 **かむために必要な筋肉**

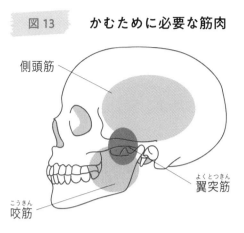

側頭筋

翼突筋
よくとつきん

咬筋
こうきん

　かむために必要な筋肉は、**咀嚼筋**です。咀嚼筋は、下顎骨についていて、下顎を動か
し、咀嚼運動を行います。咀嚼運動は、咬筋、側頭筋、内側翼突筋、外側翼突筋の 4 対
の筋肉が連動して行っています。咀嚼筋は三叉神経の支配を受けています。

表 1　**咀嚼運動を行う筋肉**

筋肉名	主なはたらき
咬筋 こうきん	かむときにはたらく筋肉。奥歯をかみしめると咬筋が硬く盛り上がるのを、外観から確認できる
側頭筋	側頭の外側部から下顎につながる大きな筋肉。下顎骨を上に引き上げ、咬筋とともに顎を閉じるはたらきがある
外側翼突筋 よくとつきん	下顎骨を前に出す筋肉。歯が物をすりつぶすはたらきをする
内側翼突筋 よくとつきん	下顎骨を上に引き上げる筋肉。かむはたらきをする

❋ からだの変化

味わうにみられる変化

　味覚が低下する主な原因としては、舌にある味蕾の数が老化に伴い減少し、乳頭の萎縮が起きるためです。また、味覚中枢への神経経路が加齢に影響されていたりします。

　味覚は、甘味、塩味、酸味、苦味、旨味の5つとされ、低下が著しいのは、塩味、苦味です。特に塩味の味覚は、60歳以降は低下するとされています。この味覚の変化により、高齢者が濃い味を好むようになったりします。

　食事量の不足や、栄養摂取内容の偏りでも、味覚の低下が生じます。特に亜鉛の不足は、味覚障害を起こすことが多い原因です。味蕾は、新陳代謝が活発で、その代謝に亜鉛が必要になります。そのため、摂取量が不足すると味覚障害が生じます。

かむにみられる変化

　歯は加齢とともに摩耗しもろくなります。もろくなり歯の数が減ると、かみ切る、すりつぶすなど、かむ際に支障をきたすようになります。もろくなったり、虫歯により歯冠部が欠損した状態を、残根といいます。残根のままにしておくと食物残渣がたまりやすいので、注意して歯をみがく必要があります。

　歯の数が減ることで、かみ合わせが変化し、かみ砕くことが難しくなり、柔らかいものを好むようになります。また、顎の動きにも影響を与えます。かむことが少なくなると、歯の土台部分の歯槽骨が吸収され、歯肉が退化していきます。歯肉の退化は、歯の喪失や口腔周辺のしわの原因にもなります。歯の欠損を補うためには、義歯の使用を考えます。

舌の動きや口臭の変化

　舌の筋力は全身の筋力低下と関連しているともいわれています。舌は、粘膜に覆われた筋肉組織のため、加齢や食べ物を咀嚼しないことではたらきが低下します。さらに、かみ砕く力が落ちると、肉などのたんぱく質が豊富な食べ物を食べにくくなります。たんぱく質は筋肉をつくる役割があるため、摂取不足によりますます筋力が落ちるという悪循環になります。

　舌の筋力が低下すると、上顎に押しつける力が弱くなり、柔らかいものを舌で押しつぶすこと、まとまった食塊を咽頭に送り込むことができなくなります。

　口臭とは、口から吐く息に嫌なにおいがあるものをいいます。口臭の原因には、唾液分泌量が少なくなるなどの生理的なもの、疾患によるものなどがありますが、義歯の汚れや、舌苔なども口臭の原因となります（p.109 参照）。

※ ケアのポイント

献立の工夫

　亜鉛の不足からくる味覚低下を防ぐためには、どのような食べ物に亜鉛が含まれているかを知っておくことが必要です。栄養士などはこのことを理解して、献立を立てています。介護職は高齢者のからだの状態を確認するとともに、食事摂取の内容を確認し、好き嫌いがないか、いつも残しているものがないかなど、よく観察し、記録しておくことが必要です。

亜鉛が多く含まれる食品

牡蠣、あわび、たらばがに、するめ、豚レバー、牛肉、卵、チーズ、高野豆腐、納豆、えんどう豆、切干大根、アーモンド、落花生など

食事前に運動を行う

　食べるための筋力が低下しないように、口のまわりを動かし筋肉をほぐす必要があります。日頃から顔を動かしたり、食事前に口を動かす運動をしてもらうことで、唾液が分泌され、食べ物なども飲み込みやすくなります。

　口を動かす運動にはパタカラ運動があります。パタカラ運動は、パ・タ・カ・ラと口を開く運動で、筋肉もほぐれ口を動かしやすくなります。

図14	パタカラ運動

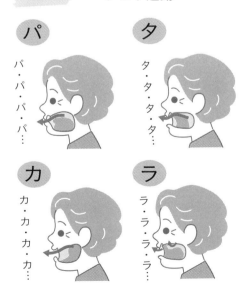

パ　パ・パ・パ・パ…
タ　タ・タ・タ・タ…
カ　カ・カ・カ・カ…
ラ　ラ・ラ・ラ・ラ…

パは唇をしっかり閉じてから開く。唇の筋肉を鍛え、食べこぼしを予防する。
タは舌を上顎につけて発音する。舌の筋肉で食べ物を喉まで動かすために行う。
カは口腔内の奥に舌の根付近をつけ発音する。食べ物を飲み込むときに気管に入らないために行う。
ラは舌を丸めて舌の先を上顎の前歯の裏につけ発音する。

舌の運動

舌の訓練を行うと刺激(しげき)で唾液(だえき)が出るようになります。その唾液(だえき)を飲(の)み込(こ)む訓練も大切です。

図 15 **舌の運動（自分で行う場合）**

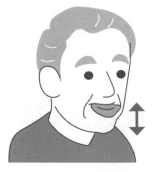

前後に舌を動かす 　　　　左右に舌を動かす 　　　　上下に舌を動かす

アイスマッサージ

舌の動きを刺激(しげき)する方法に**アイスマッサージ**があります。アイスマッサージは、凍(こお)った綿棒に少量の水をつけて、口蓋弓(こうがいきゅう)や奥舌(おくぜつ)、咽頭後壁(いんとうこうへき)などを綿棒で刺激(しげき)し、嚥下反射(えんげ)を誘発(ゆうはつ)することです。自分で訓練ができない、意識や感覚のはたらきが悪い、嚥下する頻(ひん)度(ど)が少ない場合には、顎(あご)の筋力が低下するので、その予防に有効であるとされています。

図 16 **アイスマッサージ**

口蓋弓(こうがいきゅう)
咽頭後壁(いんとうこうへき)
奥舌(おくぜつ)～舌根部

食べ物を取り入れる

✳ かんだものを口の中でまとめるときのからだのしくみ

かんだものを口の中でまとめるときのはたらきには、歯と舌が関係することは先にお伝えしました。ここでは、食べたものをかんで口の中でまとめるときにはたらく、唾液についてみてみましょう。

唾液のはたらき

唾液は、食べ物を見たり、連想したり、口に入れてかんだりすると、自律神経のはたらきで自然と口腔内に分泌されます。唾液が分泌されることで食べ物に水分を加え、形を変えて柔らかくし、飲み込むことを補助するはたらきがあります。

表2　　**その他の唾液のはたらき**

自浄作用	口腔内の食物残渣を洗い流す
消化作用	消化酵素により炭水化物を分解し、ブドウ糖に変える
緩衝作用	口腔内の酸性を中性に戻す。歯の状態を良好に保つ
潤滑作用	口腔内を潤し、舌の動きをなめらかにする
抗菌作用	食べ物に紛れ込む細菌に対抗する

● 唾液と唾液腺

唾液は、唾液腺から分泌されるもので、その成分の約99%以上が水分です。1日に約1〜1.5L分泌されているといわれています。唾液そのものは、透明で無味無臭です。唾液には、消化酵素が含まれており、炭水化物をブドウ糖に分解します。また、少量のホルモンが含まれて分泌されています。

唾液分泌を行うのが**唾液腺**です。唾液の性質は、唾液腺の種類や、自律神経のはたらきにより異なります。

唾液腺には、小唾液腺と大唾液腺があります。小唾液腺は、口唇・頬・舌の粘膜組織に分布する細い管から分泌されます。大唾液腺は、耳下腺・顎下腺・舌下腺の3つが左右にあります。

唾液の95%は大唾液腺から分泌されます。耳下腺からは漿液性（さらさら）の唾液が分泌され、顎下腺や舌下腺からは粘液性（ねばねば）の唾液が分泌されます。

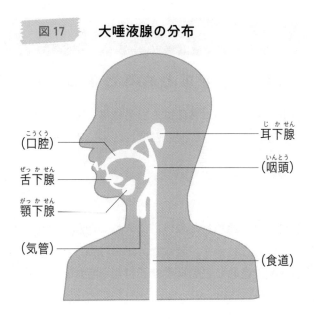

図17　大唾液腺の分布

（口腔）

舌下腺

顎下腺

（気管）

耳下腺

（咽頭）

（食道）

　通常、私たちは唾液の分泌を意識していません。唾液は食事の際に多く分泌されますが、食事以外のときにも分泌されており、自然に飲み込んでいます。

❄ からだの変化

唾液分泌量の低下

加齢に伴い、唾液分泌量が低下します。慢性的に唾液分泌量が不足した状態は**ドライマウス**と呼ばれます。唾液分泌には、消化作用や潤滑作用などがありますが、唾液分泌量の不足は、摂食・嚥下機能や全身状態に支障をきたす状態になります。また、経管栄養による食事摂取や、発語が少なくなると口腔の刺激が少なくなるので、そのことが唾液分泌をさらに少なくします。

表3	ドライマウスの原因・症状

ドライマウスの原因	ドライマウスの症状
・加齢による唾液分泌量の不足 ・口呼吸 ・薬剤の影響 ・全身疾患（糖尿病・腎疾患など） ・脱水（嘔吐・発熱・下痢など）	・舌や口腔内の粘膜がヒリヒリする ・義歯が入りにくい ・飲み込みにくい ・話しにくい ・味を感じにくい ・胸やけがする ・口の中に食物残渣が残りやすい ・口臭がある ・虫歯や歯周病の悪化　　　　　など

流涎（よだれ）

高齢者や脳血管障害による障害のある人の場合には、自分の意思とは無関係に、唾液が口腔の外に流れ出てしまう状態がみられます。それを流涎といいます。

流涎があると、口腔内も潤っていると思われることがありますが、唾液自体が口腔内に出てしまうので、ドライマウスになる可能性もあります。

また、流涎を自覚している人の場合、流涎があることで他者とのかかわりに苦手意識をもってしまい、外出を嫌がったり、他者とのかかわりを避けるということにつながります。

口臭

口臭とは、口から吐く息に嫌なにおいがすることをいいます。口臭の原因は、生理的な口臭、食べ物による口臭、疾患による口臭、その他に分類されます。

このうち、生理的な口臭は、起床時や睡眠中に、唾液分泌量が低下することで口腔内が乾燥し、唾液による自浄作用が低下し食物残渣などが付着し変化することで発生します。

脱水

　私たちは、体重の約2％に相当する水分（体重60kgの人で約1.2L）が失われると、強い喉の渇きや食欲減退などの症状があらわれるとされています。しかし、高齢者の場合、喉の渇きを察知する、脳の視床下部にある渇中枢の感受性が低下するため、水分不足の状態にあることが多いとされています。水分不足は唾液分泌の低下にもつながります。

●高齢者に脱水症が多い理由
・水分含有量が減少している
　水分含有量の多い筋肉が少なく、水分含有量の少ない脂肪組織が多い。
・腎臓の機能低下
　機能低下により、高齢者は薄い尿を多く排泄する。
・日頃の水分摂取量が少ない
　心理的、環境上の理由から水分摂取を控えている。

表4　脱水の種類と症状等

脱水の種類	症状
高張性脱水	水分が多く失われる水分欠乏性の脱水のこと ・発熱や口渇感を伴う ・口腔粘膜の乾燥 ・意識は保たれるが、不穏・興奮状態となる ・脈拍正常
低張性脱水	ナトリウムが多く失われる塩類欠乏性の脱水のこと ・皮膚粘膜の乾燥は少ない ・全身倦怠感や眠気がみられる ・脈拍が弱くなる
等張性脱水	水分とナトリウム欠乏が同じ割合で起こる混合性の脱水のこと

❈ ケアのポイント

唾液腺マッサージ

　食事の前に唾液分泌を促すことは、食べ物を口の中でまとまりやすくし、飲み込みをスムーズにすることにつながります。

| 図 18 | **唾液腺マッサージ** |

耳下腺

両耳の横を手指で後ろから前に向かって、円を描くようにマッサージする

顎下腺

顎の骨の内側の柔らかい部分に指をあてる。耳の下から顎の下まで5か所くらいを順番に押す

舌下腺

両手の親指をそろえ、顎の真下から舌を突き上げるように押す

水分摂取を促す

　高齢者の1日の水分摂取量を確認し、水分摂取を促す工夫をします。水分摂取量の目安は、1000〜1500 mL です。食事時間だけでなく、日頃から水分摂取を促し、水分摂取ができる環境を確保しておきます。自分で摂取できる利用者の場合には、飲み物を準備しておくことなどが環境整備になります。

　水分摂取を促すことで、唾液分泌を促すことにつながり、生理的な口臭も予防できます。

　発熱時や、下痢がある場合には、積極的に水分摂取を促し、脱水を予防することが必要です。ただし、心臓病、腎臓病などで水分摂取の制限がある利用者の場合には、医療職の指示を守る必要があるため、連携し利用者に合った水分摂取の方法を考えていくようにします。

　流涎が多い利用者は、水分不足になりやすく、飲み込みがうまくできない場合が多い状態です。飲み込みやすい工夫として、体位を整える、飲み物にとろみをつける、こまめに補給する機会をつくるなどの工夫をしましょう。

食べ物や咀嚼で唾液分泌を促す

　酸味のあるレモンや梅干しなどは唾液を出すことで知られています。また、昆布や納豆などにも唾液の分泌を増やすはたらきがあります。しかし、口の中の状態によっては、酸味が強いものは痛みが増強したりするので注意しましょう。

　咀嚼することでも、唾液分泌が促されます。また、食事の際にリラックスした環境は自律神経の副交感神経が優位にはたらき、唾液分泌が促されます。

【リラックスした環境づくりの例】

・利用者の状態に合わせた照明

・清潔な空間

・姿勢を整えやすいテーブル、いす　など

飲み込む

※ 飲み込むときのからだのしくみ

これまで、食べ物を取り入れるまでのからだのしくみを確認してきました。ここでは、舌の運動によってまとめられた食べ物の 塊（食塊）が口腔から咽頭に送られ、食道の蠕動運動により胃の噴門まで通る、飲み込むときの流れを確認します。

私たちが日頃、喉といっている部位には、鼻と口につながる管状の咽頭と、気道の入り口である喉頭があります。咽頭は、消化器系と呼吸器系の両方に属しています。食塊は咽頭を通って食道に送られます。

咽頭の構造

大きく口を開けて、奥のほうに見えるのが咽頭の口部の後壁です。咽頭は、鼻腔、口腔から食道の上端までのことをいいます。咽頭の長さは約 12 〜 15 cm で、頸椎の前方に沿った円筒状の管です。鼻部・口部・喉頭部の 3 つの部位に区別されています。空気の通り道と食べ物の通り道の交差点となっています。嚥下によって、通路の切り替えをするはたらきがあります。

喉頭の構造

喉頭は、食道の前を下がる漏斗のような形の、長さ 3 〜 4 cm の管状の器官です。下は気管へと続き、甲状軟骨、輪状軟骨などの軟骨に囲まれています。空気の通路であるとともに、喉頭の中央部分には声帯があり、声を発する役割をもっています。

喉頭は、吸気は通しますが、食塊が気道に入らないように、また嘔吐物が気道に入らないように、喉頭蓋と声帯で喉頭口を閉じる役割をしています。

図 19	食べ物の流れと空気の流れ

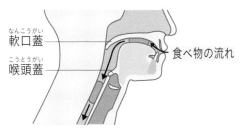

食べ物を飲み込むとき、鼻腔への道を軟口蓋がふさぎ、気管への道を喉頭蓋がふさぐ

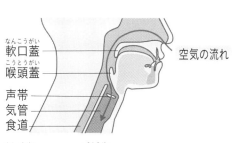

軟口蓋が下がり、喉頭蓋が舌へつくことで、気管への道が確保される

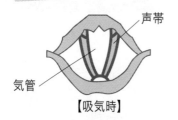

図20 **声帯の構造と声の出るしくみ**

声帯

気管

【吸気時】

声帯

【発声時】

声は、閉じた声帯のすき間を
空気が通り、声帯が振動する
ことで生じる。

食道の構造

　食道は、直径約2cm、長さ約25cm程度の管状の器官です。咽頭中部で食道につながり、咽頭下部で気道と分かれ、気道の裏側、脊髄の前面から、心臓の裏側を通り横隔膜を抜けて、胃につながります。食道に入った食塊は、蠕動運動と重力などにより強制的に胃に流れるようになっています。

　「食道の入り口」「気管支が交差する部分」「横隔膜を貫く場所」の3か所が生理的にくびれたように細くなっています（生理的狭窄部位）。そのため食べ物が詰まりやすい部分ともいえます。

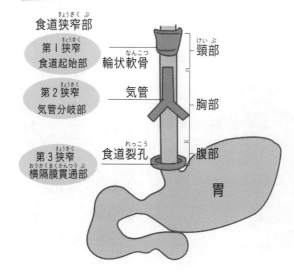

図21 **食道の構造**

食道狭窄部

第1狭窄
食道起始部

第2狭窄
気管分岐部

第3狭窄
横隔膜貫通部

輪状軟骨

気管

食道裂孔

頸部

胸部

腹部

胃

口腔期から食道期までの流れ

摂食・嚥下が 5 分類とされることは、冒頭で確認しています。

　食べ物が先行期（認知期）から準備期（咀嚼期）を経て、口腔期から食道期までに行くのが、飲み込むということになります。ここでは口腔期から食道期までの流れのしくみを確認しましょう。

口腔期：食塊が形成され、食塊を口腔から咽頭に移送する時期。

　　　　移送は主に舌で行われる。声帯は閉鎖する。

咽頭期：食塊が咽頭を通過する時期。

　　　　軟口蓋が鼻腔を閉鎖し、喉頭は舌骨上筋群により持ち上げられる。
　　　　食塊が咽頭に入ると、舌骨が咽頭後壁に押しつけられ、咽頭に蠕動運動が生じ
　　　　喉頭蓋が喉頭の入り口を閉鎖する。嚥下反射のタイミングは食塊により変わる。

食道期：食塊が食道から胃へと移送される時期。

　　　　食塊は食道に入ると、蠕動運動、重力などによって胃に送られる。
　　　　下部食道括約筋により胃からの逆流を防止する。

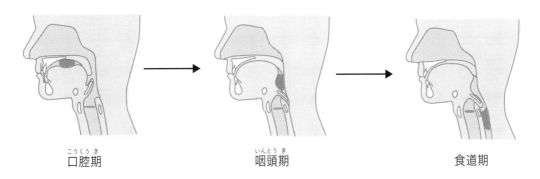

口腔期　　　　　　　　　　　　咽頭期　　　　　　　　　　　　食道期

❊ からだの変化

食道の機能低下

　食道は、ほかの臓器に比べて加齢に伴っての変化は少ないとされていますが、食道の収縮力が低下し、上部食道括約筋の張力が弱まるとされています。そのため、食塊を胃に送るための蠕動運動が弱くなります。

　さらに、食道下部の筋肉のゆるみや食道の動きが悪くなることで、胃液や胃の内容物が食道に逆流することがあります（逆流性食道炎）。

逆流性食道炎の主な症状

・胸やけ（胸に焼けるような痛みを感じる）
・呑酸（酸っぱい液体が口まで上がり、げっぷが出る）
・喉の痛み、咳、口内炎　など
　ただし、逆流性食道炎は食事内容や肥満、姿勢による腹圧の上昇でも生じる。

誤嚥

　誤嚥とは、誤って食べ物や飲み物が気管に入り込むことで起きます。通常、嚥下するときには喉頭蓋が閉じて、食べ物や液体は気管に入らないようはたらいています。健康なときには、誤って食べ物や飲み物が気管に入ると、咳反射により激しく咳き込む状態がみられます。しかし、反射が低下や消失していると、誤嚥しても何も起こらないことがあります。この状態が繰り返されると、誤嚥性肺炎を引き起こします。さらに、誤嚥性肺炎が起きた場合、発熱や咳などが代表的な症状ですが、高齢者の場合には代表的な症状がみられないことがあります。

仮性球麻痺

　仮性球麻痺は、運動障害を伴う疾患として脳血管障害がある場合に起こります。嚥下障害と構音障害が主な症状としてみられます。

仮性球麻痺の嚥下障害の症状

・口唇閉鎖不十分による食べ物の取り込み不良、食べこぼし

・過剰な唾液分泌、流涎

・咀嚼不完全、食塊形成時の咽頭への流入、口腔内での食塊移送が不十分

・嚥下反射の低下　　など

✳ ケアのポイント

姿勢

●食事を見る姿勢

　食事を目でとらえることは、食べる意欲につながり、食事の準備として、唾液分泌を促すことにもつながります。

　食べる意欲が低下しているなどの状態にある高齢者の場合でも、介護職が献立を見てもらいながら説明することは、意欲にはたらきかけ、からだの準備を整えるために必要なかかわりです。

●誤嚥を予防する姿勢

　顎を引き、飲み込みをスムーズにする姿勢が基本です。

　食事をする際の基本姿勢で、顎を引くのは、食事が口腔から咽頭に移送されるのを自然に促すためです。このことで、誤嚥を予防することができます。足底を床につけ、いすに深く座ることで、下半身が安定した姿勢となるので、飲み込みをスムーズに行うことの助けになります。

| 図22 | 食事の姿勢 |

しっかり目で食べ物をとらえることができる

やや前かがみの姿勢をとる

テーブルは食器がとりやすい高さに調整する

両足全面で接触し、膝と足関節が90度の角度になるよう、いすの高さを調節する

左右両方の坐骨が座面についている

　ベッドや車いすで座位ができない高齢者の場合でも、顎を引いているかを確認します。顎が引けていない場合には、枕などで調整します。

観察

● 誤嚥予防のための観察

　誤嚥しやすい高齢者の場合には、食事中の様子や、生活のなかでの観察が重要です。

　食事中や食後のむせや咳、嗄声（声がかれた状態）があるのは、食事が気管に流れ込んでいるサインです。

　夜間に咳き込むことは、一見誤嚥とは関係がないように思える状態ですが、睡眠中にも分泌される唾液を飲み込めていない状態を示しています。食事以外の高齢者の生活の観察をすることは、誤嚥予防のために介護職にとって大切なことです。

表5　　誤嚥が疑われるサイン

注意したい状態	・過去に誤嚥・窒息がある ・脱水・低栄養状態がある ・肺炎・発熱を繰り返す
誤嚥が疑われる状態	・食事時間が1時間以上かかる ・食事中、食後にむせや咳が多い、嗄声がある ・夜間に咳き込む ・食事の好みが変わる ・咽頭に違和感がある ・食べ物が留まっている感じがある　　　　　　など

逆流性食道炎の予防

　逆流性食道炎は強酸性の胃酸が食道に逆流することで生じる疾患ですから、医師の治療を受けることが必要です。

　介護職として注意したいことは、利用者の症状の訴えを聞き逃さないことです。食道の位置が心臓の後ろに位置することから、高齢者の場合、心臓付近の不快感を訴える場合があります。高齢者の訴えをよく聞き、その症状を医療職に伝え、伝えたことも高齢者に伝えてください。そのことで、高齢者の不安の軽減にもつながります。

> **生活上の注意点**
>
> ・食後すぐ横にならずに、2時間程度上半身を起こし、消化を助けます。
>
> ・前かがみの姿勢を長く続けないようにします。
>
> ・上半身を軽く上げて就寝するようにします。
>
> ・腹圧を上げる行為は避けます。排便時に力を入れると腹圧が上がるため、便秘をしないような工夫も必要です。
>
> ・腹部を圧迫する衣服や、過食を避けます。

窒息への対応

　脳血管障害や神経疾患の既往がある高齢者の場合、嚥下運動の障害により誤嚥や窒息が起きやすい状態にあります。食事介助の際には、注意して介助する必要があります。

　窒息では、咳も出ず声が出せない状態や、「ヒュー」という音の発生、呼吸困難、顔面が紅潮しチアノーゼが見られる状態となります。苦しくて激しくのたうち回るようになります。1分の経過で、意識消失、硬直した表情、昏睡状態、仮死状態に陥り、1分半を過ぎると回復の可能性は少ないとされます。

　利用者が喉を押さえるしぐさが見られた場合、これを**チョークサイン**といいます。チョークサインが見られた場合には、すぐに対応することが必要になります。

図23　**チョークサイン**

☑ **チョークサイン**：窒息が起きていることを知らせるサイン。自分の喉を親指と人差し指でつかむ状態。万国共通のサイン。

◉参考文献

● 川島みどり監，看護技術スタンダードマニュアル作成委員会編『看護技術スタンダードマニュアル』メヂカルフレンド社，2006年

● 医療情報科学研究所編『看護がみえる vol.1 基礎看護技術』メディックメディア，2018年

● 高橋龍太郎『図解・症状からみる老いと病気とからだ』中央法規出版，2002年

● 小林小百合編著『根拠と写真で学ぶ看護技術1 生活行動を支える援助』中央法規出版，2011年

● 冨田かをり『基礎から学ぶ介護シリーズ 摂食・嚥下を滑らかに——介護の中でできる口腔ケアからの対応』中央法規出版，2007年

5

食べたもの・飲んだものを
吸収・排泄する

5．食べたもの・飲んだものを吸収・排泄する

「食べたもの・飲んだものを吸収・排泄する」しくみ

　食べるという行為は、人が生きるために欠かすことはできません。それは、人は食べる行為によって、大切な栄養素や水分をからだの中に取り入れ、エネルギー源や体内水分を調整し、生命と健康を維持し、成長し発達しているからです。

　さらに、人は食べたものや飲んだものを、栄養にかえ、代謝させたものを、排泄することが必要です。

　人のからだは、食べる、排泄するというのを繰り返すことで生きているといえます。

「吸収・排泄」の2つのミッション

❶ **生理的意義**：生命維持・健康の維持

❷ **心理的意義**：気持ちよくする、生活リズムの維持

⁘ 消化器系

　消化器系とは、食べ物を摂取し、腸管から吸収し、血液中に送り、食物残渣を排泄（排便）するまでをつかさどる器官の集まりをいいます。

　口から肛門までの１本の管である消化管（口腔・咽頭・食道・胃・小腸・大腸・肛門）と、消化にかかわる消化腺（唾液腺・肝臓・膵臓等）から構成されています。

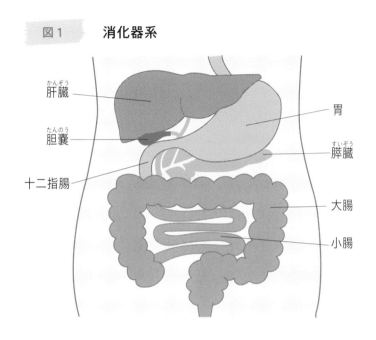

図1　消化器系

肝臓
胆嚢
十二指腸
胃
膵臓
大腸
小腸

消化とは

　消化とは、食物を吸収されるまでに分解することです。消化には２つの方法があります。

機械的消化	咀嚼・消化管での移送（蠕動運動・攪拌など）による分解
化学的消化	消化液中の消化酵素による分解

吸収とは

　吸収とは、消化管内で消化された栄養素や水分を、胃や小腸の粘膜から取り入れ、血液またはリンパ液の中に送り込むことをいいます。

食べたもの・飲んだものを消化・吸収し便をつくる

❊ 食べたもの・飲んだものを消化・吸収し便をつくるときのからだのしくみ

消化管のはたらき

消化管を食物の流れに沿って確認していきます。

Step 1 胃

胃の構造

胃は、腹部と胸部を分ける横隔膜の下左側の大部分を占めるところに位置しています。この位置は心臓に近い位置でもあります。

大きさは、内容物の量によりゴム袋のように変化しますが、1.2〜1.6Lぐらいの容量があるとされています。胃の部位は、噴門・胃底部・胃体部・幽門に分かれています。胃の中の構造は、内側から粘膜（胃液分泌にかかわる）・筋層（平滑筋）・外膜（漿膜）の3層からなります。

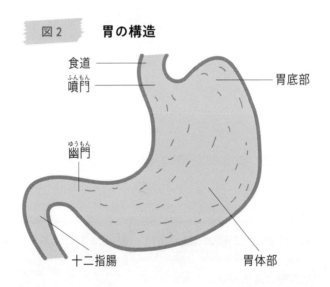

図2　**胃の構造**

食道
噴門
胃底部
幽門
十二指腸
胃体部

●胃液と胃の運動

胃液は、強酸性で食べたものの細菌を殺すはたらきと、消化酵素であるペプシンでたんぱく質を分解するはたらきがあります。胃液の分泌量は1日に約1.5〜2.5Lとされています。胃は蠕動運動により食べたものと胃液を撹拌し（かき混ぜ）、内容物を粥状にしています。1食分の食べたものは約4時間程度で次の消化管に送られます。ただし、食べたものによって異なります。

Step 2 小腸

小腸の構造

　小腸は、十二指腸・空腸・回腸からなっています。胃と大腸の間に位置しています。

　十二指腸は、約25〜30cmの長さをもち、胃から送られてきた消化物に、肝臓からの胆汁、膵臓からの膵液を混ぜ合わせて消化をさらに進めます。

　空腸と回腸の長さは約6〜7mで、そのうち前半部分5分の2を空腸、後半部分5分の3が回腸です。

　小腸内部には絨毛があり、さらに表面細胞の一つひとつに微絨毛があり、蠕動運動を繰り返しながら、内容物を消化・吸収しています。小腸は栄養吸収と水分吸収を行います。摂取した水分の95％は小腸で吸収されています。吸収された栄養分は、血液を介して、全身に送られます。

図3　　小腸の構造

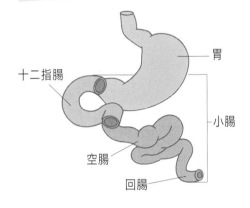
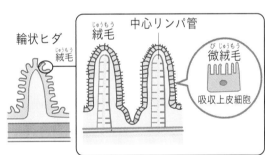

吸収された栄養素の流れ

・糖質、一部の脂肪酸、たんぱく質、ミネラル、水溶性ビタミン、水

　　腸の毛細血管➡門脈➡肝臓➡静脈➡心臓➡全身

・脂質・脂溶性ビタミン

　　リンパ管➡胸管➡静脈➡心臓➡全身

Step 3 大腸から肛門

大腸の構造

　大腸は、腹腔のまわりを取り囲むように位置し、部位により上行結腸、横行結腸、下行結腸、S状結腸と呼ばれています。長さ約1.5mで、太さは小腸の2〜3倍とされています。大腸は細菌による食物繊維の発酵を促し、ドロドロになった内容物を4分の1になるまで水分（約4％）を吸収し、便を形成します。便は、大腸の蠕動運動により肛門まで運ばれます。通常、食事して排泄されるまでの時間は24〜72時間かかります。

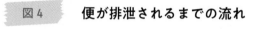

図4　**便が排泄されるまでの流れ**

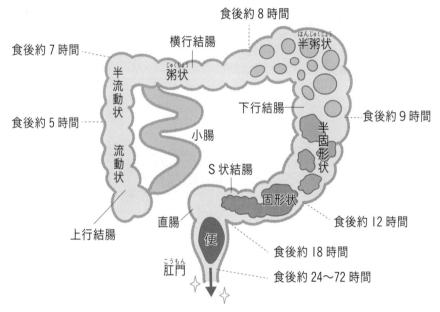

Step 4 直腸

　直腸は長さ約15cmです。S状結腸に一時停止している便は、1日に数回起こる総蠕動で直腸に移動します。直腸に便がある程度たまると、直腸から脊髄を経て大脳に刺激が伝わり便意を感じます。便は便意がないと排便できません。便意は15分程度で感じなくなります。

　直腸に送られた便が漏れないのは、交感神経が優位で直腸を弛緩させ、肛門を閉めている内・外肛門括約筋を収縮させているからです。肛門括約筋のうち、内肛門括約筋は意思とは関係なく動く不随意筋で、外肛門括約筋は随意筋です。内肛門括約筋は、直腸にあるものが固体かガスかを区別する役割があります。

便意を感じる　　　　トイレに行く　　　　排便する

● 直腸肛門角

　直腸と肛門のつなぎ目部分は、直腸肛門角と呼ばれる角度がついています。この角度が鈍角になると便を出しやすくなります。仰臥位ではこの角度が90度となるため、便が出にくい状態ですが、座位だと鈍角になり便が出やすい状態になります。

図5　　　**直腸肛門角**

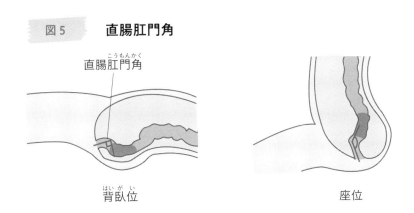

直腸肛門角

背臥位　　　　　　　　　　座位

消化腺のはたらき

● 肝臓

肝臓は、腹部の右上、横隔膜の下に位置
しています。重さ約 1200 g で内臓では最
も重い臓器です。肝臓には、肝臓に栄養と
酸素を補給する肝動脈と、消化管から吸収
した栄養を運ぶ門脈からの血液が流れ込ん
でいます。肝臓はからだの化学工場と呼ば
れており、多くのはたらきがあります。

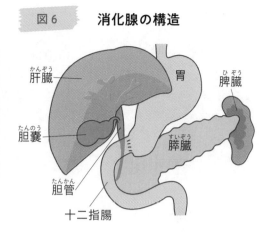

図6　消化腺の構造

肝臓 / 胃 / 脾臓 / 胆嚢 / 膵臓 / 胆管 / 十二指腸

肝臓のはたらき

・栄養分（糖・脂質・たんぱく質）の生成、貯蔵、代謝にかかわる

・中毒性物質の解毒や排泄作用

・胆汁の生成

・造血作用、壊血作用、血液貯蔵、血液凝固にかかわる

表1　消化液が主に分解する栄養素

消化液 ＼ 分解するもの	糖（炭水化物）	たんぱく質	脂質
唾液	○	×	×
胃液	×	○	○
膵液	○	○	○
胆汁	×	×	×

※脂肪の乳化を促進し、吸収しやすくする

● 膵臓

膵臓は胃の後ろの隠れた位置にあります。長さは成人で 15 cm 程度、厚さは約 2 cm
程度です。膵臓は膵液の生成と分泌、ホルモンの分泌の大きく 2 つの役割があります。

膵液の分泌	膵液を十二指腸に分泌する。膵液には三大栄養素(糖質・脂質・たんぱく質)の消化酵素が含まれている
ホルモン分泌	膵臓にある内分泌器官のランゲルハンス島から、インスリン(血糖値を下げる)、グルカゴン(血糖値を上げる)を分泌する

消化活動

　消化活動は、自律神経である交感神経と副交感神経が拮抗的なはたらきをもって調節しています。副交感神経が優位な状態だと、消化活動は促進されます。

表2　　**主な消化器官における交感神経と副交感神経の作用**

器官	消化活動	交感神経が優位	副交感神経が優位
口腔	唾液分泌	少量の濃い液	多量の薄い液
食道・胃・腸	蠕動運動	抑制	促進
分泌腺	消化液分泌	減少	増加
括約筋	幽門括約筋 内肛門括約筋　等	収縮	弛緩

❄ からだの変化

胃の変化

加齢に伴い、胃の弾力性が低下するため、1回の食事量が少なくなります。蠕動運動の低下により、小腸への移送に時間がかかるようになります。また、粘膜が萎縮することで、胃酸分泌の低下、病気への抵抗力が低下します。鉄やビタミン吸収能力も低下します。

小腸・大腸の変化

小腸は加齢による影響を受けにくいとされていますが、消化液分泌の能力が低下することに伴い、消化・吸収が悪くなります。大腸では、蠕動運動の低下がみられます。これらのことから、高齢者は便秘傾向が多くみられるようになります。

肝臓・膵臓の変化

肝臓は加齢による変化は少ないとされていますが、生活習慣により受けたダメージを修復する機能が衰えるとされています。膵臓の重さは減少する変化はあるものの、機能面での変化は低下しないとされています。

便秘

便秘とは、排便が順調に行われず、排便回数が少なくなり、排便に苦痛を伴う状態をいいます。便秘には機能性便秘と器質性便秘があります。
・**機能性便秘**：大腸の運動機能や反射の異常による便秘。
・**器質性便秘**：大腸の病気により、大腸そのものが部分的に狭くなり、便が通過しにくい状態。便秘が長期間続く場合や血液が混じる場合に疑われる。

下痢

下痢とは、**泥状便**や**水様便**のように便が水分を多く含む状態をいいます。ブリストル便形状スケールでは6～7の状態です（p.134参照）。介護するうえで注意したい下痢は急性の下痢です。食中毒などによる感染が疑われる場合は、高齢者自身や周囲にも注意が必要です。

また高齢者の場合、体内の水分保有量が少ないうえに、水分摂取が少ない傾向にあるため、下痢に伴う脱水にも注意が必要です。

表3

機能性便秘の種類・状態・原因・対応

種類	弛緩性便秘	痙攣性便秘	直腸性便秘
状態	・大腸の蠕動運動が低下 ・便が長時間排出できず、水分が吸収され便が硬くなる	・大腸が痙攣を起こし狭くなることで、便が通過できない ・腹痛や腹部不快感を伴う	・直腸に便はあるが、腹筋が弱く腹圧をかけられない ・排便反射が弱く、便意を催さない
原因	・加齢、運動不足による腸管の緊張低下、筋力低下 ・食物繊維の不足	・ストレスが関係する ・過敏性腸症候群	・便意を我慢する習慣 ・便意を感じる神経が障害される
対応	・食物繊維の摂取 ・適度な運動 ・大腸刺激薬の服用	・便の硬さを整えるための緩下剤の服用	・行動療法：食後、便意がなくてもトイレに座り排便習慣を確立させる ・摘便・浣腸・座薬

便失禁

便失禁とは、自分の意思に反して肛門から便が漏れる症状をいいます。その多くは、肛門括約筋の障害によります。

●漏出性便失禁

内肛門括約筋の障害により、便意がなく、気づかない状態で漏れます。定期的な浣腸などで対応します。

●切迫性便失禁

便意を我慢する外肛門括約筋の障害により、便意はありますが、我慢できずに漏れます。肛門の締まりをよくする骨盤底筋訓練などで対応します。

●機能性便失禁

排泄行為には認知機能や運動機能などの複雑な高次脳機能が必要ですが、認知機能または運動機能の障害によって排泄動作が困難となる状態を機能性便失禁といいます。トイレの場所がわからない、衣服を脱げないなどの状態になってしまうことで起こります。食後決まった時間にトイレ移動をするといった必要な支援を行うとともに、便秘をしないなどの対応をします。

※ ケアのポイント

リラックスした環境

　腸や肛門のはたらきは、脊髄を経由して大脳に至る自律神経が調節しています。自律神経は交感神経と副交感神経がそれぞれ拮抗的にはたらき、からだのバランスを保っています。副交感神経が優位な状態（リラックスした環境）であると、消化活動は活発になるので、食欲が増し、消化もよい状態になるといえます。

低栄養への支援

　低栄養とは、健康的に生きるために必要な栄養素が摂れていない状態をいいます。
　消化液の分泌量の減少、腸蠕動運動の低下、味覚の低下などから、食事量が低下し、あっさりとした食べものを好むようになり、食事内容に偏りがみられるようになります。偏った食事を長く続けることで、たんぱく質やエネルギーが不足し、低栄養となるリスクが高くなります。
　低栄養を予防するためには、食事に関係するさまざまな状況を確認する必要がありますが、介護職が注意したいことで、数値としてわかりやすいのは体重減少率（1か月で5％以上）の確認です。定期的な体重測定と食事内容、活動内容等を総合的にアセスメントしていく必要があります。
【低栄養により伴いやすい症状】
・浮腫、活動性の低下、貧血、感染症にかかりやすい　など

排便しやすい環境整備

便意は15分程度我慢すると、感じなくなってしまいます。高齢者の「トイレに行きたい」という訴えを我慢させてしまうことのないように支援することが必要になります。

排便に適した姿勢は座位です。トイレに座り直腸肛門角を鈍角にした姿勢を意識してもらいましょう。我慢しないで、プライバシーが保護されたトイレで座位をとることが、快適な排便環境といえます。

図7　適切な排便姿勢

前屈姿勢

床に足をつける　かかとを少し上げる

便の観察

高齢者の健康を知るためには、便の性状を理解しておくことも大切です。介護職がかかわる際には、便の性状を記録することも必要になってきます。便の硬さを段階ごとに分けたスケールが示されているので、記録に活用することで、観察内容を共有することができます。また、量に対しても、職場内で一定のスケールを示しておくとよいでしょう。

便の量や回数には個人差がありますが、1回100〜250g、1日1〜3回、もしくは1〜3日に1回程度が正常といわれています。便は食べた物、量と関係しています。

通常の便の色は、黄褐色から茶褐色で、これは胆汁に含まれるビリルビンによるものです。胆汁をつくる肝臓のはたらきが悪くなったり胆管がつまったりすると、白っぽい便になります。

●便の色の観察
・赤い便：肛門から近い位置での出血。痔核や潰瘍性大腸炎などの場合。
・黒い便：肛門から遠い位置での出血。胃・十二指腸潰瘍、がんなどの場合。

図8 **ブリストル便形状スケール**

非常に遅い（約100時間）				

	1	コロコロ便	● ● ● ● ●	硬くてコロコロの便（うさぎの糞状のもの）
↑	2	硬い便		ソーセージ状で、硬い便
	3	やや硬い便		ひび割れのあるソーセージ状の便
消化管の通過時間	4	普通便		表面がなめらかで軟らかい便
	5	やや軟らかい便		しわのある軟らかい便（半分固形）
↓	6	泥状便		境界がほぐれて、ふにゃふにゃの泥状の便
非常に早い（約10時間）	7	水様便		水のような固形物を含まない液体状の便

便秘予防

便秘予防には、一般的には食事内容の検討（食物繊維の摂取など）、運動促進、水分摂取があります。介護が必要な高齢者の場合にも、この基本は押さえて介護することが必要です。高齢者の排便パターンを把握し、便意を感じたらトイレに行ける環境をつくったり、排便に適した姿勢を介助することを支援します。

腸の運動を促すために「の」の字で腸を刺激したり、便がたまりやすいS状結腸を押したりして刺激することも有効です。

しかし、高齢者の頑固な便秘の場合、腸そのものの機能が低下する、腸の病気が原因の場合もあります。医療職と連携してケアすることが必要になります。

高齢者で注意したい病気に腸閉塞があります。すべての高齢者がなるわけではありませんが、そのままにしておくと、死に至る病気です。

●腸閉塞の症状

腸閉塞とは、何らかの原因で腸の通過が障害されたものです。腸の内容物が腸の中に充満することで、ある特定のからだの部分にも全身的にも症状を示す病気です。

激しい腹痛、吐き気、嘔吐、おなかが張る、排便やおならが出ない等の症状には注意が必要です。腸の血流が絶たれた場合には、発熱や脱水、ショック状態や意識障害を起こす場合があるため、医療職に報告します。

図9　おなかのマッサージ

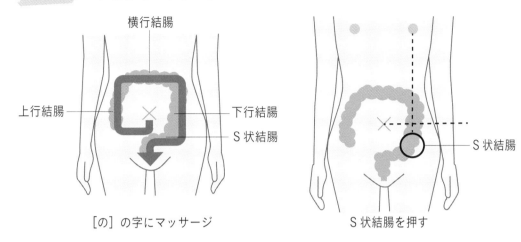

横行結腸

上行結腸

下行結腸

S状結腸

［の］の字にマッサージ

S状結腸

S状結腸を押す

下痢への対応

　下痢は、便が水分を多く含む状態をいいます。主な分類方法としては、急性と慢性に分ける方法があります。急性の下痢は、一時的なものや食中毒などによるものがあります。慢性の下痢は、主に4週間以上続くもので、原因には、消化管の病気や全身性疾患があります。

　下痢は原因に沿った治療が行われますが、介護職が注意したいのは、急性の下痢です。激しい下痢は水分が不足し、脱水を起こすからです。脱水を予防するためには、水分やスポーツドリンクが適していますが、冷たいと腸に刺激を与えるので、常温での摂取が望ましいとされています。脱水予防のための水分摂取を行う際には、原因との関係も考慮する必要があるので、医療職との連携が必要です。

　また、急性の下痢が集団で起きた場合には、食中毒や他の感染症を疑う必要性があります。その場合、介護職は感染症予防に対応したケアを実施し、感染拡大を防ぐ対応が必要になります。

食べたもの・飲んだものを消化・吸収し、尿をつくる

※ 食べたもの・飲んだものを消化・吸収し、尿をつくるときのからだのしくみ

泌尿器系とは

泌尿器系とは、尿を生成し、体外に排泄する尿路をいいます。尿を生成する左右の腎臓と、体外に排泄する尿路（左右の尿管、膀胱、尿道）からなります。腎動脈の先の血管は、毛細血管になり、糸球体につながります。糸球体では血液の中の白血球・赤血球・血小板やたんぱく質以外の成分が、ろ過されて尿のもとの「原尿」になります。

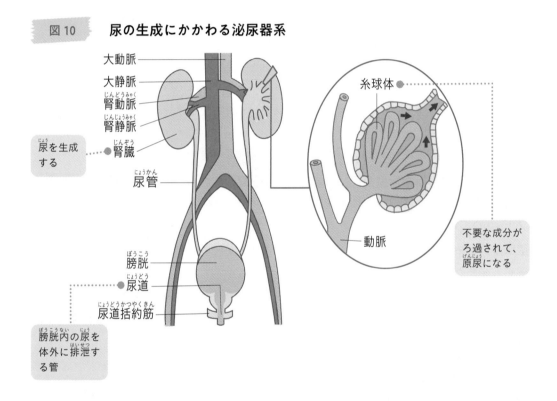

図10　尿の生成にかかわる泌尿器系

大動脈
大静脈
腎動脈
腎静脈
尿を生成する　腎臓
尿管
膀胱
尿道
尿道括約筋
膀胱内の尿を体外に排泄する管

糸球体
動脈
不要な成分がろ過されて、原尿になる

腎臓

腎臓は、脊椎両側に左右1対あり、長さは約11〜12cmです。1日に約15〜20万mLの血液をろ過し、そのうち約1〜2Lが尿として排泄されます。尿の95％は水分で、残り5％が固形物（尿素・尿酸・ナトリウム・カリウム・アンモニア等）です。

腎臓には腎動脈と腎静脈、ろ過した尿を膀胱に送る尿管がついています。腎臓に流れてきた血液は、糸球体でろ過され原尿という形になります。原尿の中には、からだに必要な成分がまだ含まれた状態なので、尿細管で再吸収され、排泄される尿となります。

なお、腎臓の上には内分泌器官である副腎が位置しています。

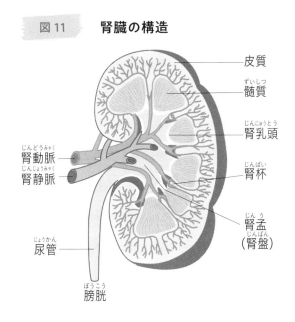

図11　**腎臓の構造**

皮質
髄質
腎乳頭
腎動脈
腎静脈
腎杯
腎孟
（腎盤）
尿管
膀胱

膀胱と尿道

　膀胱は、約30cmの左右の尿管から送られた尿を蓄える筋性の器官で、約500mLの容量があります。骨盤腔内で恥骨結合の後ろにあります。通常、膀胱内に250mL以上尿がたまり、内圧が上がると尿意を感じます。膀胱壁が伸びる刺激や尿道の刺激が、脊髄を通じて脳に伝わり排尿反射が起きます。

　男性では膀胱のすぐ下に前立腺が位置しています。

　尿道は、膀胱内の尿を体外に排泄する器官で、女性と男性では長さが異なります。女性は尿道が短く約3〜4cm、男性は尿道が長く16〜18cmで曲がっています。膀胱から尿道の始まる部分に膀胱括約筋があります。膀胱と尿道のはたらきを調節しているのが自律神経です。

図12　**蓄尿と排尿のしくみ**

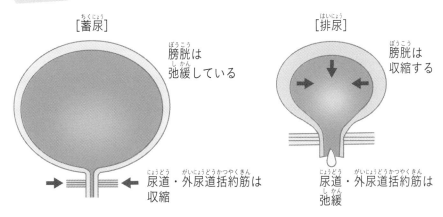

［蓄尿］
膀胱は
弛緩している

尿道・外尿道括約筋は
収縮

［排尿］
膀胱は
収縮する

尿道・外尿道括約筋は
弛緩

❋ からだの変化

　加齢により、腎臓機能は低下します。その原因として、腎臓におけるろ過機能の低下があります。また、原尿を再吸収する尿細管の形態変化、血管の動脈硬化により、血液供給が減少することも腎臓機能が低下する原因になります。

　尿の濃縮力も低下するとともに、膀胱が萎縮し、膀胱容量が減少し、少ない尿量でも尿意を感じます。さらに、膀胱の弾力性も低下することで残尿が多くなります。それらを原因として、高齢者は頻尿になりやすくなります。

糖尿病による変化

　糖尿病は、さまざまな病因によりインスリン分泌が不足したり、またはインスリンの作用が十分発揮されないため、高血糖が持続する疾患です。高齢者に多いのは生活習慣が関係する2型糖尿病です。糖尿病は進行すると、**糖尿病性神経障害、糖尿病性網膜症、糖尿病性腎症**という3大合併症を引き起こします。

　糖尿病性腎症は、腎臓機能が低下し、たんぱく尿（一定以上のたんぱく質が排出されること）が出ます。症状が悪化すると尿中に排泄される尿毒素が体内にたまり、腎不全などを起こします。糖尿病性腎症で腎臓機能が低下すると、血液中の不要な成分をろ過するために血液透析が必要な状態になります。

　また、たんぱく質や塩分、水分、カリウムなどの制限があるため、食事療法が必要になります。

【糖尿病の主な症状】
・口渇、多飲多尿、夜間頻尿、倦怠感、体重減少など

図13　　3大合併症

腎症　　神経障害　　網膜症

尿失禁

尿失禁とは、自分の意思とは関係なく尿が漏れてしまうことをいいます。加齢に伴い、筋肉の収縮力が弱ってしまったり、排尿神経系の伝達が遅れてしまったりすることなどが原因とされています。高齢者は尿失禁が起こりやすいものですが、原因を確認し対応することで改善できるものもあります。

表4　尿失禁の種類

種類	状態	原因等	対応等
腹圧性尿失禁	咳やくしゃみで、少し漏れる	骨盤底筋の低下 出産経験がある女性に多くみられる	骨盤底筋訓練
切迫性尿失禁	尿意を感じてから、トイレまで間に合わずにほとんど漏れる	脳血管障害、排尿神経系の障害、膀胱炎など	原因疾患に対する治療
反射性尿失禁	尿意がなく、ある程度尿がたまると膀胱が反射的に収縮し、漏れる	脊髄損傷など	導尿など
溢流性尿失禁	尿道の閉鎖などにより、多量の残尿が生じ、漏れ出す	前立腺肥大、がんの手術後など	原因疾患に対する治療など
機能性尿失禁	認知機能の低下や、からだの動きが困難で、排泄動作が難しくなる トイレの場所がわからない、間に合わずに漏れる	認知症など	環境整備など（例：トイレであるとわかりやすい表示をする）

夜間頻尿

夜間頻尿の原因は、腎臓に原因がある場合と、尿道に原因がある場合、両方が合併したものがあります。腎臓の機能低下では、抗利尿ホルモンの分泌減少で夜間も尿がつくられることや、夜間からだを横にして休むことにより、血流が変化し頻尿になることがあげられます。

過活動膀胱

高齢になるとみられる病気です。尿が十分たまっていなくても、膀胱が収縮します。そのため頻尿、尿意切迫感、夜間頻尿、切迫性尿失禁などの症状がみられます。原因は明確にはわかっていませんが、骨盤底筋が弱くなることが関係しています。女性の場合は、加齢や出産により骨盤底筋が弱くなることがあります。診断、服薬とともに、骨盤底筋訓練が有効とされています。

前立腺肥大症

　男性にのみある前立腺は、加齢に伴い肥大傾向にあります。前立腺は膀胱の下に位置するので、尿道を圧迫して尿が出なくなる尿閉、いきまないと尿が出ないため残尿感ですっきりしない、夜間頻尿の症状がみられます。

尿量・回数の異常

・無尿：50〜100 mL 以下 / 日
・乏尿：400 mL 以下 / 日
・多尿：3000 mL 以上 / 日（または体重 1 kg × 40 mL 以上）
・頻尿：8 回以上 / 日など尿回数の異常な増加
　　　　夜間頻尿は、排尿のため 2 回以上起きなければならない状態

❊ ケアのポイント

失禁の原因を確認する

　失禁とは「尿を漏らす」ことで、さまざまな原因が考えられます。介護職は「高齢者だから」とあきらめるのではなく、支援するなかで、失禁に対するアセスメントを行い、その原因を医療・リハビリテーション専門職と連携し確認する姿勢が必要です。

●腹圧性尿失禁の場合

　骨盤底筋訓練により改善を目指すことができます。リハビリテーション専門職と連携し、生活のなかに訓練を取り入れるようにします。

●切迫性尿失禁の場合

　薬物療法により改善することがあります。

●機能性尿失禁の場合

　介護職が生活のなかで工夫することができます。場所がわからない場合には、トイレの場所をわかりやすくすること、排尿パターンを知り、その高齢者に合った誘導を行うことなどが工夫としてあげられます。

適切な福祉用具を選択し自立を支援する

　介護が必要になってもいつまでも自分でトイレに行きたい、人の手をわずらわせたくないという思いが強いものです。半面、失禁があると、おむつを使用しなくてはいけないと思い込んでいる高齢者も多くいます。介護職は、尊厳を保持しながら排泄介助を行うようにします。

　また介護職は、高齢者の状態をアセスメントする際に、適切な福祉用具の知識をもち合わせておくことも必要です。それにより、高齢者に合った福祉用具を選ぶことができ、自立に向けた支援ともなります。

尿路感染症の予防

　尿路感染症とは、腎臓・尿管・膀胱・尿道に細菌感染を起こす病気です。発熱、排尿時の違和感などの症状がみられます。女性の場合、尿道が短いという特徴があるので、排泄介助で陰部を拭く際には、尿道から肛門に向かって拭き、介助による感染を予防していきます。

人工透析をしている場合の支援

　腎臓機能が低下し血液中の不要な成分をろ過する人工透析には、**血液透析**と**腹膜透析**があります。血液透析を行っている高齢者の場合、腕にシャントを造設しています。このシャントは人工腎臓（アナライザー）と接続する重要な部位となります。日常生活を行ううえでは、この部分に負担をかけないような工夫が必要になります。

　具体例として、シャント造設側の腕で、重い荷物を持たない、からだを下にして寝ないなどがあります。一般的な注意点としては、食事療法と水分制限に注意が必要です。

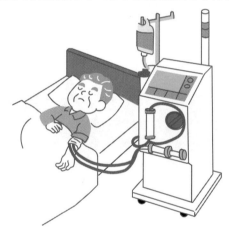

☑ **血液透析**：血液中の老廃物を、機械を通じて体外に出す透析方法。
☑ **腹膜透析**：自分自身の腹膜を利用して行う透析方法。腹腔内にカテーテルを用いて透析液を入れ、一定時間貯留して、入れた透析液を排出させる。
☑ **シャント**：腕の皮下で、動脈と静脈をつなぎ合わせ、静脈側に動脈血が流れるようにした部分。

◉参考文献

● 介護福祉士養成講座編集委員会編『最新 介護福祉士養成講座8 生活支援技術Ⅲ』中央法規出版，2019年

6

入浴する

6. 入浴する

「入浴する」しくみ

　人間にとってからだを清潔にすることは、食べることや排泄（はいせつ）することと同様に、本能的な欲求の１つです。入浴は、からだを清潔にする方法として最も効果的であり、健康的な生活を続けていくためには欠かせません。

　入浴することで全身の皮膚（ひふ）の汚れ（よご）を取り除き、皮膚（ひふ）の正常な機能を維持（いじ）し、感染を予防することができます。また、温かい湯につかることにより、血液循環が促進され、疲労（ろう）回復の効果が期待できます。心理面では爽快感（そうかいかん）が得られ、自分自身の自尊心が維持（いじ）され、他者との交流や活動への意欲を高めることにもつながります。

「入浴」の５つのミッション

❶ 皮膚（ひふ）を清潔にするとともに感染を予防する

❷ 皮膚（ひふ）の毛細血管や皮下の血管が拡張し血行をよくする

❸ 水圧を受けることにより、血液循環（じゅんかん）が促進（そくしん）され、心臓のはたらきを活発にする

❹ からだの重さを９分の１程度にし、重さから解放する

❺ 副交感神経が優位になり、リラクゼーション効果を引き出す

∴ 皮膚のしくみ

皮膚は大きく分けて、表皮、真皮、皮下組織からなります。

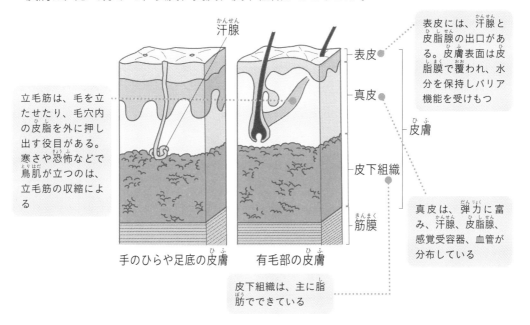

立毛筋は、毛を立たせたり、毛穴内の皮脂を外に押し出す役目がある。寒さや恐怖などで鳥肌が立つのは、立毛筋の収縮による

汗腺

表皮には、汗腺と皮脂腺の出口がある。皮膚表面は皮脂膜で覆われ、水分を保持しバリア機能を受けもつ

表皮

真皮

皮膚

皮下組織

筋膜

手のひらや足底の皮膚　　有毛部の皮膚

真皮は、弾力に富み、汗腺、皮脂腺、感覚受容器、血管が分布している

皮下組織は、主に脂肪でできている

表1　**皮膚のはたらき**

保護	・外部からの衝撃を吸収し、体内の臓器を保護する ・化学的な刺激や微生物などの侵入を防ぎ、細菌の繁殖を防ぐ ・紫外線を吸収する
体温調節	・脂肪組織による保温、発汗による熱の放散により体温を調節する
保湿	・皮脂や汗により毛髪や皮膚の乾燥を防ぎ、皮膚のなめらかさを保つ
知覚	・温覚、冷覚、痛覚、触覚、圧覚などを感じ取る
漏出防止	・体内の水分や血漿（血液の成分）、栄養分が体外へ漏れ出ることを防ぐ
ビタミンD生成	・紫外線を吸収し、ビタミンDを生成する

皮膚を清潔にする

✳ 発汗や皮膚の汚れのしくみ

発汗のしくみ

発汗は、体温を一定に保つはたらきがある体温調節中枢（視床下部）が、自律神経を介して汗腺に指令を出すことで起こります。汗腺には**エクリン腺**と**アポクリン腺**があります。

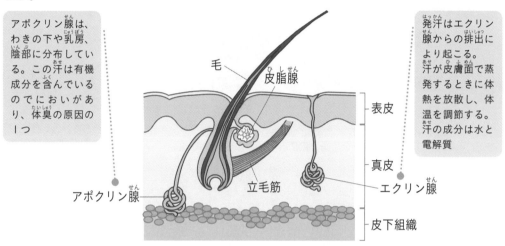

アポクリン腺は、わきの下や乳房、陰部に分布している。この汗は有機成分を含んでいるのでにおいがあり、体臭の原因の1つ

発汗はエクリン腺からの排出により起こる。汗が皮膚面で蒸発するときに体熱を放散し、体温を調節する。汗の成分は水と電解質

毛
皮脂腺
表皮
真皮
立毛筋
エクリン腺
アポクリン腺
皮下組織

皮膚の汚れのしくみ

皮膚の汚れには、以下のような種類があります。外部からつく汚れ、からだから出る汚れ（頭皮を含む）、体内から排出されたものが付着する汚れがあります。

外部からつく汚れ	ほこり、土、ちり、ごみ、化粧品、細菌、食品
からだから出る汚れ（頭皮を含む）	汗、皮脂、垢
体内から排出されたものが付着する汚れ	尿、便など（排出したと同時にからだから離れることが必須である）

❋ からだの変化

　加齢に伴い、表皮や真皮の正常な細胞の量や皮膚の構造も変化することで、皮膚機能が低下します。

加齢に伴う皮膚機能の変化

保護	・表皮の構造や機能の変化により、保護機能が低下する ・真皮のコラーゲンが減少し弾力性が低下する ・外的な刺激に対する保護機能が低下し、皮膚が傷つきやすく、かゆみや感染を起こしやすい
体温調節	・皮膚の血流などを調整したりする皮膚血管運動の低下や発汗の減少により、体温調節機能が低下する ・皮下組織の脂肪の減少により、体温保持の機能が低下する
知覚	・皮膚の知覚神経への反応が低下し、触覚や振動覚の感受性が低下する。特に下半身の低下が著しい。温度覚や痛覚も鈍くなる

乾燥とかゆみ

　高齢者の皮膚は、角質層の水分保持機能の低下により乾燥しやすくなっています。液体のボディーソープを硬いナイロンタオルにつけて強く洗うのはよくありません。
　また、入浴後の保湿ケアが不足すると、皮膚の乾燥が進みかゆみが生じます。乾燥が悪化することで、**皮脂欠乏性皮膚炎**や**老人性皮膚掻痒症**を引き起こすこともあります。

浸軟

　皮膚の湿潤は浸軟を引き起こします。
浸軟とは、「ふやけ」のことで、皮膚の角質細胞が過度の水分によって膨潤した状態のことをいいます。皮膚が浸軟すると摩擦力は5倍にもなるといわれ、浸軟状態が続くと、少しのずれでも皮膚の損傷が起こりやすくなります。

図1　ドライスキン

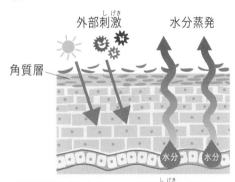

外部刺激　　水分蒸発

角質層

角質層がはがれやすくなり、外部刺激を受けると、水分保持ができず蒸発してしまうことで、ドライスキンになる

☑ **皮脂欠乏性皮膚炎**：発汗や皮脂分泌の欠乏、表皮の角質層の水分保持機能の低下で起こる。ドライスキンの代表的な病気。

☑ **老人性皮膚掻痒症**：原因は皮膚の乾燥。加齢とともに保湿成分の産生は減少し、皮脂腺のはたらきが悪くなるため、皮膚の表面を覆っている皮脂膜も少なくなる。

図2　浸軟した皮膚

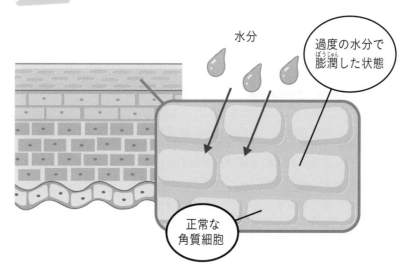

水分

過度の水分で
膨潤（ぼうじゅん）した状態

正常な
角質細胞

菲薄

菲薄（ひふ　うす）とは、皮膚が薄くなった状態のことをいいます。加齢（かれい）で新陳代謝（しんちん）が低下すること
による皮膚の弾力性（ひふ　だんりょくせい）の低下、さらに皮膚表面が平坦化（ひふ　へいたんか）して光沢（こうたく）を帯びることもありま
す。このようなもろく弱っている皮膚（ひふ）は、傷ができやすく治りにくくなります。

図3　菲薄した皮膚

健康な皮膚（ひふ）　　　　　　　　もろく弱った皮膚（ひふ）

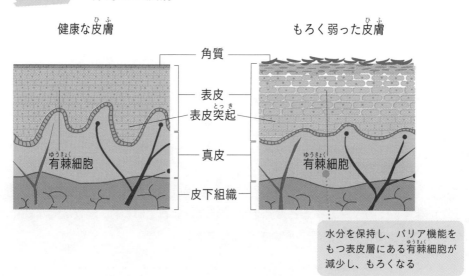

角質

表皮

表皮突起（とっき）

真皮

皮下組織

有棘細胞（ゆうきょく）

有棘細胞（ゆうきょく）

水分を保持し、バリア機能を
もつ表皮層にある有棘細胞（ゆうきょく）が
減少し、もろくなる

148

白癬

白癬は、かびの一種である糸状菌が皮膚の角質層下に寄生し、皮膚の乾燥や鱗屑（魚のうろこのようなカサカサした状態）になります。部位によって足白癬、爪白癬、頭部白癬、体部白癬、股部白癬などがあります。爪白癬は足白癬を合併する場合が多く、爪が肥厚・混濁し、もろくなります。

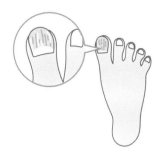

かぶれ

かぶれとは、何らかの物質が皮膚に接触することで起こる皮膚炎のことです（接触性皮膚炎）。接触した部分の皮膚に、かゆみ、赤み、小さな水ぶくれなどの症状があらわれます。植物や金属、化学物質、化粧品、衣類など、身の回りにあるあらゆる物が原因物質になります。一時的な刺激によるものとアレルギー性のものがあります。例えば、おむつの場合は、排泄物による化学的刺激、洗浄や拭き取りによる物理的刺激などから、かぶれを起こしやすくなります。

失禁関連皮膚炎

失禁関連皮膚炎（IAD：Incontinence Associated Dermatitis）は、「尿または便への曝露に起因する皮膚障害」と定義されています。かぶれた（赤くなった）時点で皮膚の表面だけではなく、内部の組織損傷が起こっています。つまり、赤くなっているのを発見したときには進行しているということです。IADを発症した後では、洗い流して刺激を取り除くケアを行っても改善は望めません。IADのケアでポイントになるのは予防的スキンケアと失禁へのアプローチです。

図4　IADが起こるしくみ

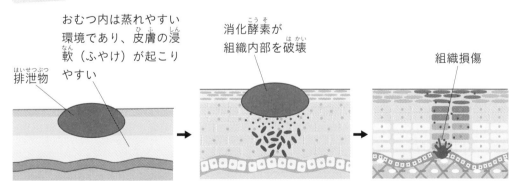

おむつ内は蒸れやすい環境であり、皮膚の浸軟（ふやけ）が起こりやすい

排泄物

消化酵素が組織内部を破壊

組織損傷

❊ ケアのポイント

適切なスキンケアにより皮膚（ひふ）の生理機能を整えるようにします。

高温の湯（42℃以上）を避ける

中温の湯（37〜41℃）で入浴します。湯温が高くなると、皮脂膜が除去され、角質細胞間（さいぼうかん）の脂質（ししつ）や天然保温因子も溶け出し（とだ）やすくなります。そのため中温の湯が適しています。

弱酸性洗浄剤を十分泡立てて使用する

洗浄剤（せんじょうざい）の主成分である界面活性剤（かっせいざい）が、皮膚（ひふ）の汚れ（よご）を浮か（う）して除去するため、強くこすらないようにします。ボディブラシやナイロンタオルの使用は避けましょう。また、洗浄剤（じょうざい）が皮膚（ひふ）に残らないようによく流します（せん）。

図5　　**皮膚の汚れを洗い流すながれ**

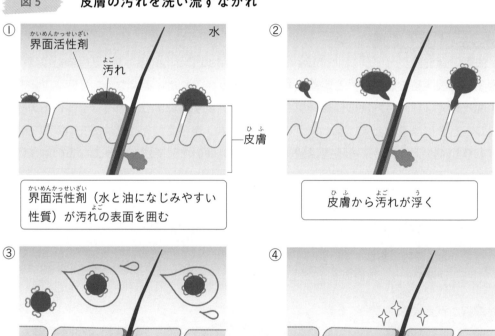

① 界面活性剤（かいめんかっせいざい）　汚れ（よご）　水

界面活性剤（かいめんかっせいざい）（水と油になじみやすい性質）が汚れ（よご）の表面を囲む

皮膚（ひふ）

② 皮膚（ひふ）から汚れ（よご）が浮く（う）

③ 浮いた（う）汚れ（よご）は水となじみ、皮膚（ひふ）に付着しなくなる

④ 洗浄（せんじょう）により汚れ（よご）が洗い流される

しわを伸ばして洗浄する

　皮膚がたるみ皮膚面が密着している足の指の間、鼠径部、乳房の下などは、皮脂の分泌が多く汚れがたまりやすいため、しわをよく伸ばして丁寧に洗浄します。

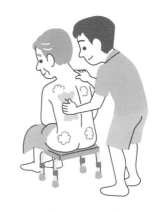

入浴後は保湿する

　入浴後はすぐに水分を拭き取ります。こすらずに、押さえるように拭きます。拭いた後は乾燥するため、皮膚にうるおいが残っているうちに保湿剤を塗布します。特に下肢は乾燥が生じやすいため注意します。

　保湿剤は成分によって、大きくモイスチャライザー（水結合性）とエモリエント（脂性）に分類されます。モイスチャライザーは、皮膚の角質層に浸透して水分を保持します。エモリエントは、皮膚の表面に油膜を形成して、角質中の水分を維持する作用があります。特性を理解して使い分ける必要があります。

図6　　**効果的な保湿剤の塗り方**

腕や足
縦ではなく横に滑らせる

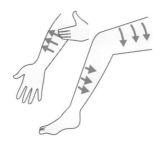

背中
背骨の中心から横に
広げる

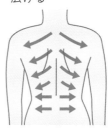

手の甲と指
一本一本包むように指に塗る

関節のしわにも
塗り込む

血行をよくする・リラックスする

❋ 血液循環のしくみ

入浴は血液の流れをよくする効果があります。ここでは、血液循環に関連する心臓と血管についてみてみましょう。

心臓のしくみ

心臓は胸腔内で左右の肺に挟まれていて、横隔膜の上にあります。上部の心房と下部の心室に分けられ、**2心房2心室**からなります。

右心房には上大静脈、下大静脈が入り、右心室から肺動脈が出ます。左心房には左右各2本の肺静脈が入り、左心室から大動脈が出ます。右心房と右心室には三尖弁、左心房と左心室には僧帽弁、大動脈の根本部分には大動脈弁、肺動脈の根本部分には肺動脈弁があります。

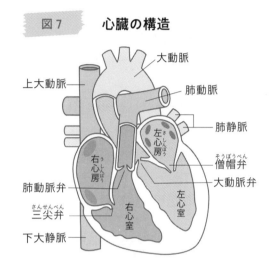

図7 **心臓の構造**

体循環と肺循環

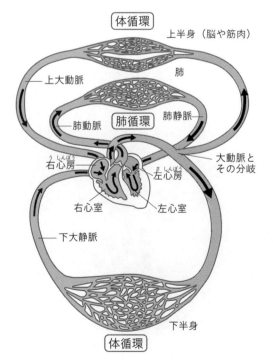

体循環：大動脈から出た動脈血が各組織に酸素と栄養分を運び、静脈血となり大静脈から右心房に戻ること。

肺循環：肺動脈を通って肺に送られた静脈血がガス交換をして、動脈血となり左心房に戻ること。

冠状動脈

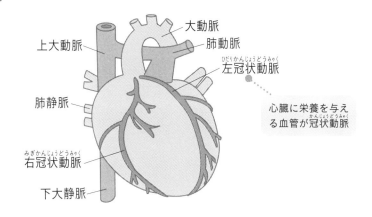

上大動脈

大動脈

肺動脈

左冠状動脈（ひだりかんじょうどうみゃく）

肺静脈

右冠状動脈（みぎかんじょうどうみゃく）

下大静脈

心臓に栄養を与える血管が冠状動脈（かんじょうどうみゃく）

血管（動脈と静脈）

　心臓から出るのが**動脈**です。動脈の壁（かべ）は厚く、血圧に耐（た）える構造をしています。太さによって「大動脈」「動脈」「細動脈」に分かれます。脈を測るのは動脈です。

　心臓に戻（もど）ってくるのが**静脈**です。静脈の壁（かべ）は動脈のように厚くありません。四肢（しし）の静脈には弁があります。静脈は血圧が低く、還流（かんりゅう）する力が弱いため、血液がとどまるのを弁で防いでいます。「大静脈」「静脈」「細静脈」に分かれます。

図8　　**動脈と静脈**

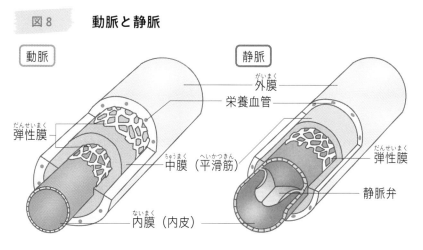

動脈

静脈

弾性膜（だんせいまく）

中膜（ちゅうまく）（平滑筋（へいかつきん））

内膜（ないまく）（内皮）

外膜（がいまく）

栄養血管

弾性膜（だんせいまく）

静脈弁

　毛細血管は、細動脈と細静脈を結ぶ血管で、全身に網目状（あみめじょう）に分布しています。小さな孔（あな）（穴）があり、血液の血漿成分（けっしょう）やリンパ液が出入りし、栄養の供給と老廃物（ろうはいぶつ）の回収をしています。

図9　　**毛細血管**

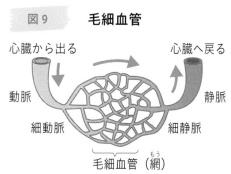

心臓から出る

心臓へ戻る

動脈

静脈

細動脈

細静脈

毛細血管（もう）（網）

❋ からだの変化

心拍出量の変化

心拍出量とは、心臓が1分間に送り出す血液の量のことです。1分間あたり70 mLの拍出量です。高齢者では、安静時の1回の心拍出量は成人とあまり変わらないといわれています。しかし、成人では運動すると心拍数が上がるため心拍出量も増加しますが、高齢者では運動時にも最大心拍数が上がらないため、1分間の心拍出量は増加しません。このため、疲れやすい、だるい、運動時に息切れしやすい、長時間運動が続けられないなどがみられます。

> **心臓の血液拍出量（安静時）**
>
> 70 mL / 分 × 70 回(心拍数) = 4,900 mL

血管壁の変化

血管の内壁にコレステロール等が沈着しプラークを形成し、**動脈硬化**を起こしやすくなります。動脈硬化は血管壁が厚くなり、弾力性が低下して硬くなります。その結果、血液の流れに対する抵抗が増加し、高血圧になる可能性があります。

図10　　血管壁の変化

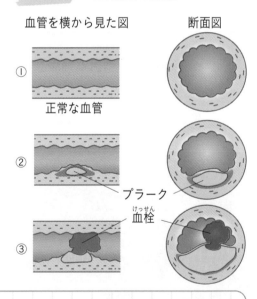

血管を横から見た図　　断面図

① 正常な血管
② プラーク
③ 血栓

プラーク

コレステロールや脂肪が柔らかい沈着物となってたまり、それが厚くなってできた血管のこぶのようなものです。粥腫ともいいます。脳梗塞を発症したりする要因にもなります。

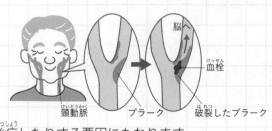

頸動脈　　プラーク　　破裂したプラーク　　血栓　　脳へ

血圧の変化

　加齢に伴い、収縮期血圧（最高血圧）の上昇、拡張期血圧（最低血圧）の低下がみられます（p.11 参照）。血圧の変化を調整するはたらきが低下し、上昇や下降の対応に時間がかかります。急に起こしたりすると起立性低血圧を起こす場合があります。脳への血液循環が減少することによって起こり、めまい（立ちくらみ）や吐き気、意識がなくなることもあります。

血液を送るしくみの変化

　上大静脈の血液は重力に従って心臓に戻ります。一方で、下大静脈の血液は重力に逆らって心臓に戻る必要があります。下肢の筋肉収縮や動脈の拍動の力で心臓に戻ります（レッグパンピング：筋ポンプ作用）。そのため、静脈に弁があり、逆流を防いでいます。加齢とともに、静脈の弁が壊れることなどが起きると**下肢静脈瘤**（静脈がボコボコ浮き上がって見えるもの）ができることがあります。

図 11　　**レッグパンピング（筋ポンプ作用）**

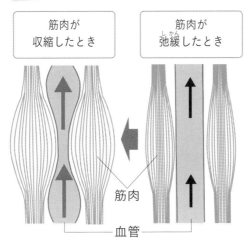

筋肉が収縮したとき　　筋肉が弛緩したとき

筋肉

血管

図 12　　**下肢静脈瘤のしくみ**

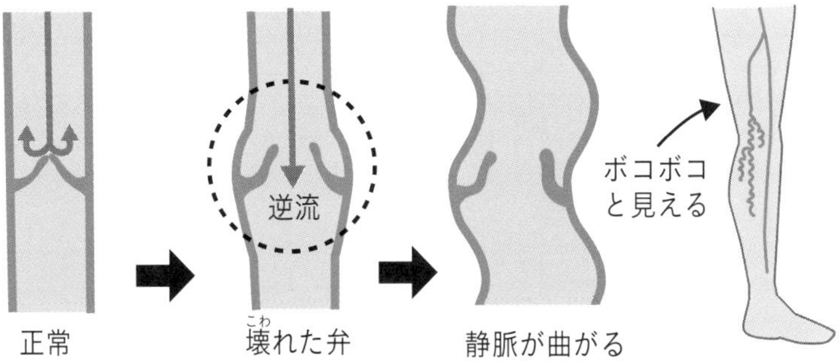

正常　　壊れた弁　　静脈が曲がる　　ボコボコと見える

逆流

❋ 入浴の作用

　入浴には温熱作用、静水圧作用、浮力作用があり、身体にさまざまな影響を及ぼします。

温熱作用

　皮膚の毛細血管や皮下の血管が拡張し、血行がよくなります。新陳代謝が促進され、体内の老廃物や疲労物質が排出されやすくなります。

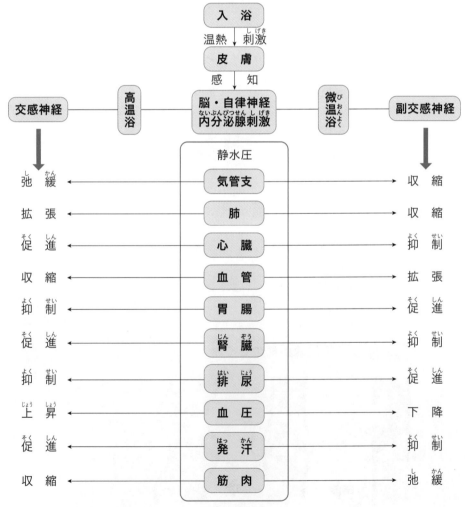

図13　入浴の温熱刺激による反応

出典：日本温泉気候物理医学会・日本温泉療法医会編『入浴・温泉療養マニュアル』日本温泉療法医会、1999年

156

高温浴（42℃以上）では、交感神経（緊張、興奮時などに活躍）が刺激され、心拍数が増え、末梢血管が収縮することにより血液が心臓に戻り、一時的に静脈還流量が増加します（図13）。中温浴（37 〜 41℃）（37 〜 38℃を微温浴という）では副交感神経（リラックス、休息時などに活躍）が刺激されて、心拍数が抑制され、末梢血管が拡張し血圧が低下します。

静水圧作用

　水中では水面からの深さに応じて、からだに水の重量によって生じる静水圧が加わります。腹囲が3 〜 5cm、ふくらはぎで1cm程度縮むといわれています。

　からだが水圧を受け、血液循環が促進され、心肺機能が高まります。下半身にかかる静水圧は、心臓への血液の流れを促し、心臓の拍出量も増加します。その結果、全身への血液循環が促進されます。

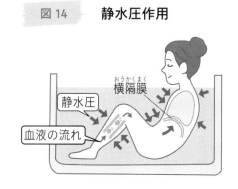

図 14　静水圧作用

横隔膜
静水圧
血液の流れ

浮力作用

　湯につかると体重が約9分の1になり、体重を支えている筋肉や関節が重さから解放され、動きやすくなります。その結果、からだの負担が軽減されてリラックスできます。

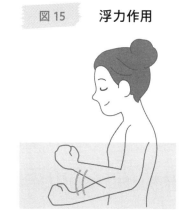

図 15　浮力作用

☑ **静脈還流量**：心臓から出た血液が動脈を通って体中に行き渡った後に、静脈を通って心臓に戻ることである。

❋ からだの変化

温熱作用による影響

　入浴時の湯温が高い場合には、温度の刺激によって、反射的に血管が収縮し、一時的に血圧が上昇します。からだが温まると血液循環がよくなり、血管が拡張して血圧が下がります。高血圧や動脈硬化がある場合は、血圧が急激に変動する状態を避ける必要があります。部屋の温度差がある場合にも血圧は変動します。

　内臓のほとんどは交感神経と副交感神経の二重支配を受け、相反する作用をします。消化管の機能は、交感神経の優位時には抑制され、副交感神経の優位時には促進されます。例えば食後すぐは、交感神経が優位となり、消化管の運動が低下します。

● ヒートショック

　温度の急激な変化で、血圧が上下に変動することによって起こるのが**ヒートショック**です。特に高齢者に多く、失神や心筋梗塞、不整脈、脳梗塞を起こすことがあり、冬場に多くみられます。

図16	**ヒートショックのしくみ**

寒 血管が縮み血圧上昇 ➡ 寒 血圧がさらに上昇 ➡ 暖 血管が広がり血圧低下

静水圧作用による影響

　入浴中はからだがつかった部分に静水圧が加わるため、その範囲の血管やリンパ管が圧迫され、静脈還流量が増加します。首までつかる全身浴と心臓の下くらいまでつかる半身浴では、静脈還流量に差が生じます。

　首までつかった場合、血圧の上昇と心拍数の増加がみられます。一方で肩や胸まで（横隔膜より上）つかった場合、横隔膜や胸郭が圧迫され呼吸が抑制されます。

図17	入浴時の静水圧による影響

〈全身つかった状態〉

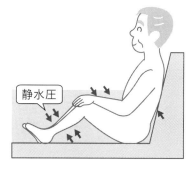

〈半身つかった状態〉

浮力作用による影響

　浴槽内では、浮力により不安定な姿勢になりやすく、溺水の危険性があります。

❖ ケアのポイント

入浴には、皮膚の清潔、血液循環の促進、疲労回復の効果、新陳代謝を促進する効果のほかに、爽快感やリラックス効果もあります。しかし、身体状況や病気などによっては、疲労感が強くなったり、循環器や呼吸器に影響を及ぼすなど、さまざまな負担を与えることもあります。身体への影響を個別に把握し、安全な入浴に努めるようにします。

入浴環境の整備

入浴前に脱衣室や浴室の温度を調整しておきましょう。冬季に起こりやすいヒートショックを予防するため、脱衣室と浴室は26℃前後が適しています。からだが冷えている入浴前だけではなく、からだが温まった入浴後の温度変化にも注意が必要です。

温熱作用からみたケア～入浴のタイミングや水分補給に注意

入浴の湯温はリラックスできる中温浴（37～41℃）が望ましく、心拍数の減少や、血圧低下、消化機能の促進、筋緊張や痛みの緩和などの効果をもたらします。入浴によって皮膚の血管が拡張し、内臓の血流量が減って消化に影響を及ぼすため、空腹時や食事直後の入浴を避け、食後1時間以降に入ります。

入浴中は発汗により水分を失います。水分不足により血液がドロドロになりやすく、血管が詰まりやすくなります。入浴後の水分補給はもちろんのこと、入浴の30分前くらいに水分を摂取してもらうことも重要です。

静水圧作用からみたケア～湯につかる部分に注意

心臓や呼吸器に病気があると、温度の変化以外にも静水圧による影響を受けます。首までつかった場合には、心臓や肺に集まる血液量が増加して負担がかかります。そのため、腹部あたりまでの半身を湯船につけ、腕は湯から出し入浴する半身浴が適しています。

半身浴では、下半身のみに静水圧がかかるため下肢の静脈還流が促され、上半身は静水圧がかからないため心臓や呼吸器への負担が少なくなります。

浮力作用からみたケア～不安定な姿勢に注意

浴槽内は、浮力により姿勢が不安定になるため恐怖感を感じるとともに、事故にもつながりやすいです。姿勢を安定に保つことが難しい人などには、特に声かけや見守りをするようにします。姿勢の安定には、前方に滑りにくい、足底のふんばりがきく浴槽が適しています。手すりなどの設置も重要です。

図18　**入浴事故の要因**

入浴事故には転倒や、溺水や溺死、心筋梗塞の発症などがある。

外的要因	・血圧変動 ・脱水 ・意識障害、めまい	加齢に伴う要因
・温熱作用 ・静水圧作用 ・寒さにさらされる		・高血圧 ・血行の変動などに対する反応の低下

◉参考文献

● 真田弘美・正木治恵編『老年看護学技術——最後までその人らしく生きることを支援する 改訂第2版（看護学テキスト NiCE)』南江堂，2016年

● 北川公子ほか『系統看護学講座 専門分野II 老年看護学 第9版』医学書院，2018年

● 介護福祉士養成講座編集委員会編『最新 介護福祉士養成講座II こころとからだのしくみ』中央法規出版，2019年

● 白井孝子監，秋山昌江ほか編著『介護職員初任者研修テキスト 第2巻 自立に向けた介護』学研ココファンスタッフ，2019年

● 小島照子・藤原奈佳子編『看護系標準教科書 基礎看護学 技術編』オーム社，2007年

7

眠る

7．眠る

「眠る」しくみ

　健康的な生活を続けていくためには、睡眠や休息が欠かせません。人間にとって睡眠は呼吸をすることや食べることと同様、基本的欲求の1つです。一般的な睡眠時間は6時間から8時間といわれています。したがって、人間は人生のほぼ3分の1は睡眠に費やしているといえます。

　睡眠は、人間の心と身体を支配している大脳を休ませるはたらきがあります。夜間に睡眠をとって大脳を休ませることで、日中、目覚めているときには活発に活動できるようになります。睡眠をとらないと大脳を休ませることができず、体調がすぐれない、集中力が低下するなどの影響があらわれます。

「睡眠」の5つのミッション

❶ 脳とからだを休める

❷ 記憶を定着させる

❸ ホルモンバランスを整える

❹ 免疫力を上げる

❺ 脳の老廃物をとりのぞく

:: サーカディアンリズム（概日リズム）

朝になると目覚め、日中活動し、夜になると眠るというリズムを繰り返すことができるのは体内時計が備わっているからです。約24時間周期で繰り返されるこのリズムを**サーカディアンリズム（概日リズム）**といいます。

:: 体内時計

体内時計は、24時間から25時間周期といわれ、私たちの生活周期とはズレがあります。ズレを解消するために、朝の太陽の光を浴びることで、体内時計をリセットします。体内時計のしくみをみてみましょう。

網膜・視神経
外部からの光の刺激は目から入り、網膜から視神経につながる。

松果体

視床下部

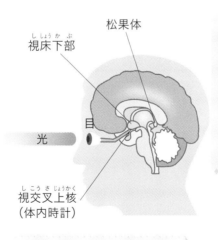

松果体
脳内にある小さな内分泌器官で、松かさ（松ぼっくり）のような形をしている。メラトニン（ホルモン）を分泌し、睡眠の促進、体内時計の調整を行う。

光

目

視交叉上核
（体内時計）

視交叉上核（体内時計）
体内時計は脳の視床下部の視交叉上核にある。

夜になると眠くなる

※ 眠くなるときのからだのしくみ

睡眠のリズム

睡眠の種類には、**レム睡眠**と**ノンレム睡眠**があります。

ノンレム睡眠（深い眠り）

全身の筋肉はある程度の緊張を保っています。大脳が休んで深く眠っている状態です。眠りの深さによって4段階に分けられます。

レム睡眠（浅い眠り）

全身の筋肉の緊張が緩んだ状態です。しかし大脳は休んでおらず、眼球は動いています。夢を見たり、昼間の記憶の整理をしたりします。

睡眠の経過をみると・・・

　眠りにつくとすぐにノンレム睡眠が訪れます。ノンレム睡眠は睡眠の深さ（脳波の活動性）によってステージ1〜4（浅い→深い）の4段階に分けられます。その後15分ほどレム睡眠が続き、再びノンレム睡眠が訪れます。レム睡眠とノンレム睡眠をおおむね90〜110分の周期で繰り返します（睡眠の周期は個人差があります）。レム睡眠は入眠直後には短く、明け方に近づくにつれ長くなります。

活動と睡眠に合うからだのしくみ

睡眠には体温やホルモン分泌等が、昼夜に合わせたリズムをもっています。

どんなリズムになる？

●メラトニン

夜9時頃から増え、睡眠中に量（血中濃度）が最大になります。からだの活動度を下げ、眠気をもたらします。

●成長ホルモン

最初の深いノンレム睡眠とほぼ同時に大量に放出されます。子どものからだの成長や大人のからだの疲労回復、傷ついた組織の修復や免疫機能をサポートします。

●コルチゾール（副腎皮質ホルモン）

起床時に向かって量（血中濃度）が増えていき、朝方6時前後に最も多くなります。からだを臨戦態勢にし、刺激に対してからだを守ります。

図1　**睡眠とホルモン分泌などの関係**

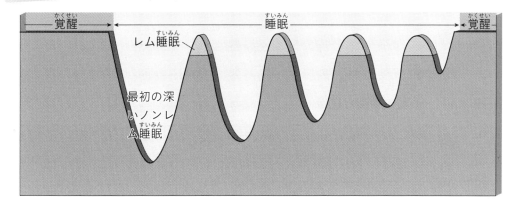

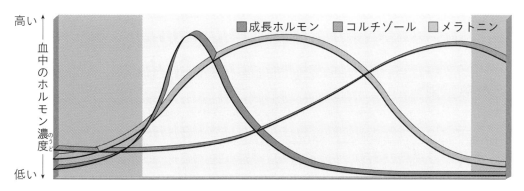

Newton別冊『睡眠の教科書』ニュートンプレス、p.59、2019年より引用、一部改変

※ からだの変化

加齢やさまざまな病気や障害によって睡眠が妨げられることがあります。睡眠時間は、歳を重ねるごとに短くなる傾向があります。運動量が減少するため、睡眠量も少なくなると考えられます。

不眠のタイプ

不眠のタイプには以下のようなものがあります。
① 入眠障害：寝つきが悪い
② 中途覚醒：いったん寝ついてもたびたび起きる
③ 早朝覚醒：朝早く目が覚めてしまう
④ 熟眠障害：よく眠った感じがしない

不眠の原因

加齢によりメラトニンの分泌量が減少します。その結果、深いノンレム睡眠が減り、浅いノンレム睡眠が増えるため、一晩の睡眠が全体的に浅くなる傾向があります。夜中に何度も目が覚めたり、小さな物音や光の刺激でも目が覚めやすくなります。

表1 **不眠の要因と内容**

要因	内容
環境的要因	時差がある場所、枕が変わる、暑さや騒音、明るさなどの影響
身体的要因	年齢、性差、頻尿、痛み、かゆみなど
心理的要因	悩みやイライラ、極度の緊張からの精神的ストレス、睡眠に対するこだわりなど
生活習慣的要因等	アルコール、ニコチン、カフェインの摂取、薬の副作用、運動不足など

❄ ケアのポイント

快眠の3条件：「暗さ」「静けさ」「快適な室温」

　就寝前と就寝中の外からの刺激を少なくします。テレビ等は早めに電源を切り、室内外の騒音を減らします。室内温度の適温は個人差があり、厳密に「○℃がよい」ということは難しいですが、冷暖房を適切に使用し心地よいと感じられるようにします。昼間の適温より1℃程度高い室温が快適ともいわれています。湿度は40～50％程度を保ちましょう。

明かりは間接照明にする

直接あたらない風向きにする

遮光効果のあるカーテンにする

自分に合った枕にする

目が覚めたら自然の光を取り入れる

　朝、目が覚めたらカーテンを開けて自然の光を取り込みます。光を浴びることで体内時計がリセットされます。太陽の光を浴びてから14～16時間後にメラトニンが分泌されます。夜に眠くなるためには、朝の行動が大切です。

　日中は少しの時間でも外出して、昼夜の活動にメリハリをつけましょう。

適度な休息

　生活するうえで、心とからだには休息が必要です。適度な休息をしなければ疲労がたまり、全身のだるさや食欲不振、いらいら感などの不調があらわれます。心身の良好な状態で日常生活を送るためには、適宜からだを休めて疲労を回復し、リフレッシュすることが大切です。

　また、午後の早い時間帯の昼寝（30分以内）は適度な休息になり、疲れも取れるといわれています。

寝つきをよくする

　からだは身体内部の温度を下げて睡眠の準備に入ります。そのために、皮膚から熱を放散して体温を下げる必要があります。

　体温を下げるために、40℃前後の湯で、就寝の2時間程度前までに入浴を済ませることがよいでしょう。手浴や足浴も寝つきをよくする効果があります。

COLUMN　体温と睡眠の関係

　身体内部の体温（深部体温）は、手足の温度（皮膚温度）より2℃程度高くなっています。深部体温は自然と就寝に向けて下がりはじめます。入眠時にはまず手足から放熱が起こり、次に深部体温の変化が起こります。スムーズな入眠には深部体温を下げ、皮膚温度を上げて差を縮めることが重要です。

　寝る直前に熱い風呂に入ったりすると、深部体温が下がりにくくなって入眠しにくくなることがあります。そのため、入浴は就寝の2時間程度前までに済ませることがよいでしょう。冬場に電気毛布を使用したり、靴下を履いて寝ることは、からだからの放熱が妨げられて、途中で起きてしまう場合もあります。

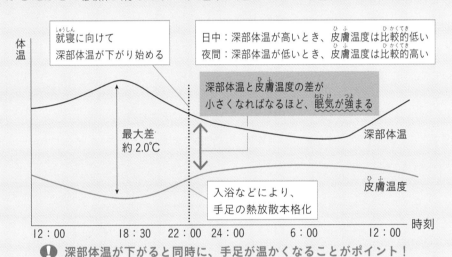

出典：西野精治『スタンフォード式 最高の睡眠』サンマーク出版、p.115、2017年

●参考文献

● 西野精治『スタンフォード式 最高の睡眠』サンマーク出版，2017年

● Newton別冊『睡眠の教科書』ニュートンプレス，2019年

● 介護福祉士養成講座編集委員会編『最新 介護福祉士養成講座11 こころとからだのしくみ』中央法規出版，2019年

✳ 索引

著者紹介

● **秋山昌江（あきやま　まさえ）**　　　　　プロローグ、1、3、6、7

学校法人聖カタリナ学園　聖カタリナ大学人間健康福祉学部教授

1956 年、大阪府生まれ。1978 年に大阪大学医療技術短期大学部を卒業し看護婦免許を取得する【最終学歴、2002 年オーストラリア　ビクトリア州公立ラ・トローブ大学健康科学学部　看護・助産学科看護学修士コース修了（看護学修士）通信課程】。医学部付属病院看護婦、看護学校教員を経て、1988 年、愛媛県松山市に移り住む。その後、松山市社会福祉協議会で看護婦として勤務し、初めて福祉の世界に飛び込み、大きな衝撃を受ける。たくさんの高齢者や障害のある人と出会い、ご本人はもちろん家族やヘルパーさんから教えられ、助けられる。現在、介護現場の豊富な経験を経て介護福祉教育に携わり、介護福祉の魅力を発信し続けている。

 読者へのメッセージ

みなさん、「からだのこと」をおもしろく学んでください。

● **白井孝子（しらい　たかこ）**　　　　　2、4、5

学校法人滋慶学園　東京福祉専門学校副学校長

1955 年、岩手県盛岡市生まれ。岩手看護専門学校卒業後、聖路加国際病院、労働省診療所、東京都江戸川区内での訪問看護に従事。病院勤務時代に、死を前にした子どもたちから生きることの重要性、生活の重要性を学ぶ。その体験から訪問看護に従事し、生活者としての高齢者、障害のある人たちとかかわる。近年、日本で介護を学び働くことを希望する外国人介護職種の方々とかかわるなかで、介護の専門性を伝える重要性を再認識する日々を過ごしている。

 読者へのメッセージ

からだのしくみは、社会のしくみに似ていると思います。連携の重要性がわかると思います。

からだからケアがわかる本

しくみ・変化・ケアのポイント

2021年11月5日　発行

著　者	———	秋山昌江・白井孝子
発行者	———	荘村明彦
発行所	———	中央法規出版株式会社

〒110-0016　東京都台東区台東3-29-1　中央法規ビル
営　業　　　　TEL 03-3834-5817　FAX 03-3837-8037
取次・書店担当　TEL 03-3834-5815　FAX 03-3837-8035
https://www.chuohoki.co.jp/

装幀	———	齋藤友貴（Isshiki）
本文デザイン	——	青木奈美（Isshiki）
装幀・本文イラスト	—	藤田侑巳

印刷・製本　———　株式会社太洋社

本書の内容に関するご質問については、下記URLから「お問い合わせフォーム」にご入力いただきますようお願いいたします。
https://www.chuohoki.co.jp/contact/